그래도, 음악

어느 직업 음악가의 예술적 생존기

초판 1쇄 발행 2025년 11월 13일

지은이 정환호　　**펴낸곳** 크레파스북　　**펴낸이** 장미옥

기획 · 정리 이상우　　**디자인** 어윤희　　　**표지 일러스트** 김지혜

출판등록 2017년 8월 23일 제2017-000292호

주소 서울시 마포구 마포대로 53, 218호(마포트라팰리스)

전화 02-701-0633　　**팩스** 02-717-2285　　**이메일** crepas_book@naver.com

인스타그램 www.instagram.com/crepas_book

페이스북 www.facebook.com/crepasbook

네이버포스트 post.naver.com/crepas_book

ISBN 979-11-89586-91-1 (03800)　　**정가** 16,000원

© 정환호, 2025

이 도서의 국립중앙도서관 출판예정도서목록(CIP)은 서지정보유통지원시스템 홈페이지(http://seoji.nl.go.kr)와
국가자료 종합목록 구축시스템(http://kolis-net.nl.go.kr)에서 이용하실 수 있습니다.

(CIP제어번호 : CIP2020024170)

어느
직업 음악가의
예술적 생존기

그래도, 음악

정환호 지음

크레파스북

contents

1 _ 태생부터 느린 템포

생각의 방 08
스탑앤고 16
달빛에게 묻는다 24
아빠가 어릴 적에는 30
〈파일럿〉과 세 개의 코드 36
자라투스트라는 이렇게 말했다 42
숫자의 창 48

2 _ 기어코 다시, 음악을

상도살롱 58
논현동 10-5번지 64
철물점 아저씨 71
송곳을 찾아서 76
음유시인: 세로 이야기 83
가난이 문을 열 때 89
부디 마왕이여 96

3 _ 매일같이 자라는 음표들

음악이라는 항해 104
타석에 선 피아니스트 110
마음의 정원 117

건반 위의 산책   123

철들지 마세요   128

문제는 타이밍   133

나는 당신을 봅니다   138

4 _ 마음만은 같은 방향으로

대위법 혹은 생존법: 바흐   146

사랑은 실패하지 않는다: 베토벤   156

슬픔을 위로하는 슬픔: 슈베르트   166

노바디여도 괜찮아: 그리그   174

아직도 전쟁 중: 프로코피예프   182

음악이 들리는 마음: 임윤찬   188

침묵 다음으로 아름다운 소리: 북유럽 여행기 1   196

오슬로의 이상한 밤: 북유럽 여행기 2   202

북극의 별: 북유럽 여행기 3   207

5 _ 숨 쉬는 오늘

나는   214

아름답게 피어나   218

몇 번의 계절이 남았을까   224

받는 용기   230

만나고, 만나고, 만나는 동안   238

등불이 있으면 무섭지 않아   246

에필로그   252

1 —————————— 태생부터
느린 템포

생각의 방

언젠가 이런저런 스트레스를 받아 가슴이 조여 오는 통증이 생기기 시작했다. 덜컥 겁이 났다. 심장 문제가 아닐까 의심해 종합검사를 받았으나 결과는 '이상무'였다. 내 심장은 멀쩡했고, 제 할일을 잘 해내고 있었다. 차트를 뒤적거리면서 검사 결과를 설명하던 의사가 잠깐 뜸을 들이며 말했다.

"심장이 조금 늦게 뛰긴 하는데, 별 문제는 없는 것 같네요."

아, 심장이 늦게 뛰어도 괜찮은 건가요? 근데, 여기서 더 느려지면 뭔가 문제가 될까요? 혹시 심장이 빨리 뛸 수 있게 뭔가 조치를 취해야하는 건 아니죠? 건강염려증 환자의 쏟아지는 질문세례가 귀찮다는 듯 의사는 콧방귀를 꿰며 말한다.

"예예, 괜찮습니다. 그냥 그런 사람들이 있어요."

때로 의사의 무심함은 위로가 된다. 그때 나는 확실히 알았다. 나는 태생부터 느린 템포의 사람이었다는 걸. 안도감이 밀려왔다. 갑자기 일어날 때마다 머리가 핑 도는 것도, 유독 느긋하게 걷는 이유도, 카톡 답장이 느린 이유도, 곡 구상이 오래 걸리는 이유도, 모두 느리게 뛰는 심장 탓으로 퉁치면 되니까. 마치 면죄부를 받은 사람처럼 어깨가 펴졌다. 이럴 줄 알았으면 진작 병원에 와보는 건데.

난 언제나 느리게 뛰었다. 초등학교 가을 운동회. 100미터 달리기는 해마다 가장 굴욕적인 의식이었다. 방아쇠가 울리면 아이들은 야수처럼 달리기 시작했다. 조금 전까지만 해도 모래놀이나 하던 애들이 순식간에 돌변했다. 이 거부할 수 없는 게임에서 나는 늘 추격자였다. 나는 아무리 발을 세차게 내디뎌도 좀처럼 한 명도 따라잡을 수 없었다. 달리기의 끝에는 늘 불쾌한 맛이 남았다. 입술에 붙은 흙먼지의 텁텁함과 기관지에서 올라오는 비릿한 피 냄새가 뒤섞인 꼴찌의 맛. 친구들에게 나는 꼴찌를 면하게 해주는 안전마진이었다. 물론 예외는 있었다. 오래달리기만큼은 내가 앞서기도 했다. 정확히 말하면 한 바퀴쯤 뒤쳐진 상태로.

*

　지금은 예전만큼 굼뜨진 않지만, 느린 기질은 여전히 남아 있다. 메신저 답장 하나에도 시간이 걸린다. 사소한 대화인데도 생각을 꺼내려면 오래 정리해야 한다. 음악을 쓸 때도 마찬가지였다. 밀린 것들이 한꺼번에 쏟아져 나와 병목을 만들고, 정리한 뒤에야 겨우 한 줄이 나온다. 그래서 내겐 마감이 꼭 필요하다. 인류의 역사를 움직인 것도 결국 마감이었으니까. 마감은 미래의 나를 불러내 억지로라도 결과를 만든다. 빈둥거리던 머리에 피가 돌고, 어떻게든 무언가를 내놓게 된다.

　문제는 그 '어떻게든'에 있다. 그건 미래의 힘을 당겨다 쓰는 고리대금 같아서, 언젠가는 갚아야 할 이자가 따라온다. 집중해서 쏟아부은 에너지는 반드시 반동을 남기는데, 나는 그걸 빈둥거림으로 회수한다. 피아노 근처엔 가지도 않고 선율도 흥얼거리지 않는다. 도무지 곡을 만들 수 없는 자연적인 상태로 다시 돌아가는 것이다. 그럴 때가 되면, 나는 생각의 전원을 꺼버린다. 대신 위키백과 같은 잡다한 정보창고를 뒤지며 자잘하고 쓸모없는 질문들을 하나씩 주워 담는다. 이를테면 이런 식이다. 구글맵을 뒤적이다 에스토니아라는 발트해의 작은 나라를 발견하고, 거기서 '전자정부'라는 개념에 꽂힌다. 그러다 문득 해킹 걱정이 생기고, 이쯤에서 신분증 위조는 가능한가를 검색해보다가 어느새 국정원 블랙요원 항목을 읽고 있다. 정신 차려보니 북한의 SLBM과 ICBM의 사거리를 비교하고 있고, 그러다 '그럼 우리는?'이라는 생각이 들어 IRBM인 현무를 검색하고, 현무를 만든 방산기업이 어디였더라 떠올리다 그 회사 주가까지 들여다본다. 그러다 주가의 꼭지에서 매수를 하고는 다시 숲길에 나와 여름 내내 울던 매미들이 사라졌단 걸 깨닫고, 매미의 성장 사이클을 찾아본다. 이쯤 되면 내가 정상적인 삶을 살고 있는 게 맞나 싶은데, 그럼에도 이 불연속적인 호기심의 세계에서 나는 가장 나답다.

이 책도 마찬가지다. 주변 사람들에게는 3년째 "책 쓰고 있다"고 말하지만, 이제는 오지 않는 '고도'처럼 농담거리가 된 지 오래다. 빠른 길을 놔두고 골목마다 다 들러봐야 직성이 풀리는 성격이라, 매번 가지를 키우고 또 자른다. 사실 그게 괴롭지 않고, 재밌다. 생각의 놀이터 같달까. 아, 편집자가 괴로워하기 시작했다. 어쩔 수 없이 마감은 하겠지만, 막상 그만 써야 할 때가 오면 아쉬울 것 같기도 하다. ('지면을 빌려 선언해 본다. 이 책은 2024년 봄에 나올 것이다!'라고 적은 글을 2025년 가을에 교정하는 중이다.)

*

생각하는 습관은 꽤 오래전부터 있었다. 여기서 말하는 생각이란, 영재교육 광고에 나오는 '창의적 사고'처럼 고상한 게 아니다. 부모라면 "딴생각 좀 그만 하라"며 말릴 법한, 엉뚱하고 뜬금없는 잡념들. 고백하건데 나는 아홉 살 즈음에 이 지구가 하나의 프로그램일지 모른다고 생각해 본 적이 있다. 영화 〈트루먼 쇼〉처럼 모두가 나를 속이는 게 아닐까 하고. 때론 〈인셉션〉이나 〈매트릭스〉 같은 영화처럼 삶이란 게 실존이 아니라 꿈이거나 환각일 수 있겠다 의심하거나, 혹은 나의 인식이 타인과 동일하다는 것을 어떻게 증명할 수 있는가 따위의 질문을 했었다. 물론 질문을 던지는 대상이 사람은 아니었다. 대신 그 자리에 책이 있었다. 아버지의 서재는 내가 제일 좋아하던 공간이었다. 특히 할부로 들여놓은 백과사전은 그야말로 생각의 놀이터였다. '사' 항목을 펼치면 '사과' 옆에 '사랑'이, 그 뒷장엔 '사유'가 있는 식이었다. 전혀 무관해 보이는 단어들이 머릿속에서 기묘하게 이어지면서 생각의 방을 넓혀주었다. 비록 이런 맥락 없는 학습이 정규 교육과정 안에서는 그다지 쓸모없었지만, 스스로 문제를 만들고 풀어야 하는 '오픈북' 같은 나의 직업에선 꽤 유용했다.

일을 본격적으로 하기 시작했을 때부터 나는 '효율성'이라는 개념을 떠올리기 시작했다. 나 같은 사람들의 생각이란 물류로 치자면 서울에서 출발한 물건이 옥천 어디쯤에 있는 창고에 며칠 동안 갇혔다가 (여기에 갇히면 어지간해서는 못 빠져 나온다.) 용인을 거쳐 다시 서울로 오는 셈이다. 이런 비효율로는 절대 납기를 맞출 수 없었다. 마감을 수없이 놓치는 몇 번의 금융치료를 거친 뒤 나는 생각의 물류를 개선하는 작업에 착수했다. 이상한 질문을 오래 붙들던 느긋한 버릇은 버리고, 마치 밤에 주문하면 아침에 로켓처럼 '펑'하고 도착하는 물건처럼 생각을 빠르게 배송하는 법을 배웠다. 의외로 간단했다. 생각에 '단가'를 매기면 되었다. 마치 계산대에 올려야 하는 품목으로 취급하는 것. 이왕이면 중량 대비 최저가를 검색하면서 가성비를 따지는 것이다. 그러다보니 이왕이면 꺼내기 쉬운 생각들부터 쓰게 됐다. 저 심연에 있는 생각을 꺼내려면 시간과 비용이 많이 들 테고, 어차피 꺼낸다 한들 누가 알아주지도 않을 테니. 대신 숙성이 덜 된 생각이나, 누군가 이미 반쯤 가공해 놓은 아이디어들을 꺼내 쓰면 간단했다. 쉽고 빠르고 안전한 생각들. 말하자면 생각의 밀키트다. 조리법은 쉽고, 조미료는 충분하고, 시간마저 절약되는.

그래서 너무 깊은 생각들은 점점 더 심연에 잠겼다. 여긴 완전한 비효율의 방이 되었다. 한번 데우려면 기름은 많이 먹는데 온도는 느리게 오르는 연비 낮은 보일러다. 그렇다고 완전히 꺼둘 수는 없어서, 아무도 없는 빈방에 불을 떼놓긴 하지만, 허공으로 날아가는 열이 너무 아까울 때도 있다. 나를 지탱해 온 생각들이 도리어 애물단지가 되어버린 거다.

얼마 전에 『소설엔 마진이 얼마나 남을까?』라는 책을 우연히 읽었다. 귀가 솔깃해지는 제목과 달리, 현역 작가 스물세 명이 각자 겪은 창작의 막막함을 담은 에세이였다. 도서관에서 단 한 번도 대출되지 않은 책이었는데 (아무도 관심 없는 주제가 아닐까?), 단숨에 읽고 또 읽었다. 한 마디로 '프로페셔널하게 느린 자'들의 이야기였다. 마감을 제때 지키는 작가는 드물었고, 새로운 작품 앞에서 늘 곱절의 막막함이 찾아왔다. 쓰지 않는 공백의 시간을 어떻게 불러야 할지에 대한 고민, 그럼에도 그 시간은 불가피하고 필연적라는 고백(임현 작가), 입구조차 찾지 못해 번번이 허탕을 치거나, 재료를 다 모아두고도 머릿속에서 완벽한 요리를 그리다 밤을 새버린 일(최진영 작가). '써야만 한다'를 큼지막하게 적어두고도 하루 종일 빈둥거리다 단 한 문장 쓰지 못했다는 체험(정용준 작가). 창작을 하는 사람이라면 누구나 고개를 끄덕이다가도, 어느 순간 전부 내 이야기 같아 눈가가 뜨거워지는 이야기들뿐이다.

어쩐지 이 글을 읽고 나니 안심이 되었다. 그래, 세상엔 효율성만으로 재고 따질 수 없는 것들이 여전히 많지. 그게 어디 소설만의 일이랴. 음악도, 삶도 그와 별반 다르지 않다. 그러니 빈 방에 보일러가 돌아가면 "어쩔 수 없군, 그게 다 인생의 비용인 거지"하고 살며시 방문을 닫아두는 넉넉한 마음을 가지고 싶다.

데워놓은 아랫목에 언제 '영감님'이 들이닥칠지 모를 테니.

책을 다 읽고 나서 스물세 명 작가들의 공통점을 발견했다. 쓰는 일이 고통스럽지만, 먼 미래에도 자신은 여전히 이 짓(?)을 하고 있을 거라는 것. 그 고백을 읽으며 마치 내 속을 들킨 듯해서 가슴이 서늘해졌고, 동시에 나와 비슷한 동지들이 있다는 사실에 마음 한쪽이 단단해졌다. 그래, 세상엔 나 같은 사람이 적지 않다. 느리고, 생각이 많고, 굼뜬 사람들. 벼랑 끝 마감 앞에서도 빈둥거리지만, 끝내 자신만의 세계를 만들어내는 사람들. 나도 그렇게 이상한 사람은 아니었다.

스탑앤고

서른한 살, 나는 결국 생애 첫 차를 사버렸다. '사버렸다'는 표현이 맞다. 남들은 다 뜯어말렸다. 탈수록 허리가 아프다는 독일제 세단이었고, 자취방 근처엔 마땅한 주차 공간도 없었으며, 차 값에 약간만 보태면 세를 끼고 작은 집 하나쯤 마련할 수도 있던 시절이었다. 그런데 나는 비닐을 뜯자마자 감가상각이 시작되는 그 비싼 물건을 36개월 할부로 사버리는 객기를 부렸다. 차가 생기면 더 열심히 살 거라는 출처 없는 격언을 액면 그대로 믿어버렸다. 그래서 정말 열심히 살았을까? 맞다. 훨씬 더 열심히 '살아야' 했다. 나에겐 복리로 불어나는 빚이 기다리고 있었으니까. 어느 경제 전문가가 말하길 자산을 가져야 인플레이션의 세상에서 방어가 된다는데, 그 자산에 바퀴 달린 건 열외라는 걸 대체 왜 몰랐을까.

그래도 잠시 동안은 행복했다. 그게 정말로 '잠시'였다는 게 문제였지만. 기쁨은 생각보다 짧았다. 곁이 뻔지르르한 차를 타고 다닌다고 해서 내가 다른 사람이 될 수 없었다. 공허한 마음은 아무리 좋은 걸 소유해도 채워지지 않았다. 하지만 자다가도 눈에 아른거리던 그 차를 사지 않았다면 또 다른 아쉬움이 평생 남았을지도 모른다. 그러니 좋은 쪽으로 합리화해 보자. 차와 함께 전국을 돌아다니며 남긴 추억만으로도 괜찮았다고. 게다가 그 경험 덕분에 '무언가를 갖고 싶다'는 열망도 사라졌으니 좋은 거 아닌가. (더 이상 그럴 돈이 없었다.)

　처음 차를 출고했을 때 온갖 최신 기능에 익숙해지기까지 꽤 오랜 시간이 걸렸다. 그 중에서도 나를 유독 신경 쓰게 만드는 건 주행 중에 정차했을 때 엔진이 멈추는 '스탑앤고(Stop & Go)'라는 기능이었다. 요즘은 대부분의 차량에 기본 장착돼 있지만, 당시엔 막 도입된 최신 기술이었다. 정차하면 엔진이 저절로 꺼지고, 브레이크에서 발을 떼면 다시 켜지는 구조. 시끄러운 4기통 디젤 엔진 소리가 거슬리던 참이었는데, 신호대기 중이라도 조용히 있을 수 있으니 꽤 맘에 들었다. 게다가 잠깐이지만 기름도 아끼고 배기가스도 줄일 테니. (놀랍게도 사실이 아니었다.) 문제는 이 기능이 제멋대로 작동했다는 점이다. 어떨 때는 브레이크를 아무리 꾹 밟아도 작동하지 않다가, 막상 시동이 꺼진 줄 알고 버튼을 누르면 서로 엇박을 내며 엔진이 다시 꺼져버리곤 했다. 퇴근길, 꼬리를 무는 교차로 앞에서 차가 멈추는 척하다가 실제로 멈춰버리는 순간엔, 면허를 갓 땄을 때처럼 어쩔 줄 몰라 허둥댔다.

나중에 알고 보니 '스탑앤고' 기능은 엔진 온도가 어느 정도 올라야 작동을 한단다. 매뉴얼만 잠깐 읽어도 알 수 있었지만, 사실 나는 그때 시트의 비닐을 뜯는 것 말고는 관심이 없었다. 차를 소유하겠다는 열망, 그러니까 사실은 차를 타는 내 모습에만 관심 있던 내게 고작 매뉴얼 따위가 눈에 들어왔을까.

*

어느 해 봄이었다. 나는 여수의 한 공연장에서 마티네콘서트를 준비하고 있었다. 1,000여 석의 좌석은 이미 전석 매진. 무대 뒤 틈 사이로 내다본 객석은 여유로운 오전을 즐기러 온 사람들로 북적였다. 그런데 사람들의 얼굴이 보이자 갑자기 온몸이 긴장되기 시작한다. 숨을 못 쉴 정도의 압박감이다. "너무 열심히 준비했나?" 하긴, 처음부터 끝까지 내 손으로 기획한 첫번째 공연이었다. 게다가 시리즈의 오프닝. 부담을 느끼지 않기엔 무대가 너무 컸다. 하지만 이 무대만 잘 끝내면, 정말 많은 기회들이 찾아올 것 같았다. 건반에 손을 얹기도 전에 머리에는 이미 희망의 서곡이 울려 퍼지고 있었다. 물론 이 멜로디는 곧 레퀴엠으로 바뀌었다. 첫 곡, 그리그의 페르귄트 모음곡 중 〈아니트라의 춤〉을 연주하던 중이었다. 나는 몇 초간 더듬거리다 결국 연주를 멈춰버렸다. 내가 멈추자 바이올린도, 첼로도 줄줄이 멈췄다. 무대엔 정적만 남았다.

모든 건 태블릿 때문이었다. 물론 기계는 아무 잘못이 없다. 음악가들에게 태블릿은 거의 인공지능 수준의 혁신이었다. 테이프가 덕지덕지 붙은 악보를 힘겹게 넘길 필요도 없고, 리허설에 다른 악보를 챙겨 와도 누군가 에어드롭 기능으로 쏙 넘기면 쉽게 해결되었다. 음악가들을 제본 지옥으로부터 건져냈으며, 원하는 대로 음표 수정까지 되는 이 멋진 기계를 쓰지 않을 이유가 없었다. 단 하나, 내가 기계치라는 사실만 빼고.

그날 나는 공연 5분 전, 악보 프로그램의 '연주모드'를 켜두었다. 악보를 자동으로 뒷장으로만 넘겨주는 기능으로, 자칫 악보가 앞장으로 넘어가는 걸 방지하는 아주 유용한 옵션이었다. 하지만 〈아니트라의 춤〉에 도돌이표가 있었다는 걸 완전히 잊고 있었다. 문제의 구간이 등장했을 때, 똑똑한 프로그램은 당연히 그 부분을 생략했다. 당황한 나는 화면을 연타하며 앞장을 찾으려 했고, 그럴수록 악보는 더 뒤로만 넘어갔다. 더는 손을 쓸 수 없다고 생각했고, 연주도 멈춰버린 거다.

'그냥 나가버릴까?'

'오늘이 첫 공연인데, 마지막 공연이 되었구나.'

'그래, 할 만큼 했다. 오늘이 바로 그날이다. 내가 음악을 관두는 날….'

영화 속 장면처럼 모든 과거가 파노라마처럼 펼쳐지는 일은 꼭 생사의 기로에서만 일어나지 않는다는 걸, 나는 그날 확실히 알았다. 어쩌면 내 뇌는 그 순간을 정말로 '죽음'에 준하는 사태로 받아들였는지도 모른다. 일종의 직업적 사망 선고랄까. 음악이 멈춘 몇 초 사이, 나는 아주 빠르게 결론을 내렸다. 이제 이 일을 그만두자고. 가느다란 줄에 매달려 위태롭게 버티던 마음이 스르르 땅에 안착하자, 이상할 만큼 편안해졌다. 드디어 미쳐버린 걸까? 혹은, 뇌가 이 사태를 견디지 못해 마약성 물질이라도 내보내기 시작한 걸까? 아니면 '포기하면 편하다'는 말이 과연 사실이었던 걸까.

그 짧은 낯선 평온 속에서 나는 비로소 알게 되었다. 잘해야 한다는 강박과 불안은 서로 정비례한다는 것을. 그 집착이 산산이 부서지는 순간, 내 가면도 벗겨졌다. 완벽해야 한다는 명제가 이미 깨져 버렸으므로 더 이상 불안할 것도 없었다. 더는 잃을 게 없으니 나는 그 무대에서 갑자기 자유로운 인간이 되어버렸다. 그때 처음으로 관객들이 평가자나 심판이 아닌 그냥 보통의 사람처럼 보였다. 그냥, 오전의 여유를 즐기러 온 평범한 사람들. 나는 객석을 잠시 빤히 바라보다가 히죽 웃으며 말했다.

"다시 시작할게요!"

잠잠하던 객석에서 박수가 터져 나왔다. 물론 나도 안다. 제 발, 두 번째는 실수하지 않기를 바라는 무언의 협박이 담긴 박수라는 걸. 다행히 두 번째 연주는 무사했다. 그리그의 음악이 다시 흐르기 시작했고, 손가락은 물 만난 물고기처럼 자유롭고 편안하게 헤엄쳤다. 연주가 끝나고 해설 순서가 돌아오자, 나는 마이크를 들고 말했다.

"여수에서의 첫 공연인데, 제 생애 마지막 공연이 될 뻔했습니다."

그제야 관객들도 긴장을 놓고 웃음을 터뜨렸다. 나는 그날, 모든 걸 내려놓고 가장 나다운 목소리로 음악과 이야기를 꺼내 놓았다. 완벽히 통제된 연주였고, 한 시간이 10분처럼 느껴지는 마법 같은 몰입을 경험할 수 있었다. 공연이 끝나고 나는 한동 안 종이 악보를 사용했고, 여수라는 단어만 들어도 경기를 일으 켰지만, 그럼에도 단언컨대 그날의 무대는 내 생애 최고의 공연 이었다.

*

　그날 연주가 끝나고 어떤 관객 분이 '꽤 재밌고 진귀한 볼거리'였다고 말한 게 유독 기억에 남는다. 누군가의 시선에선 '기계치 피아니스트'의 해프닝 정도로 보였겠지만, 내게는 조기 퇴직을 고민할 만큼 커다란 착시를 일으킨 사건이었다. 왜곡된 거울을 들이민 건 다름 아닌 내 안의 두려움이었다. 완벽함이라는 커튼 뒤에 숨어서, 비겁하게 마음을 조종하는 녀석. 첫 음을 누르기도 전에 "우와 천 명이래 천 명, 정말 많아 어떡하지?"하고 호들갑을 떨게 만들고, 스크린을 잘못 누른 것뿐인데, "넌 이제 끝장이야, 큰일났어, 그만 포기해"라며 급발진해 나를 산산조각 내버린다. 그날 음악이 멈춘 무대에서 나는 내안에 숨어 지내던 두려움과 (본의 아니게) 마주쳤다. 그토록 거대하고 위협적일 줄 알았던 녀석은, 알고 보니 겁에 질린 작은 아이에 불과했다.

　그날 이후로 나는 생각을 고쳐먹기로 했다. 실수는 실수일 뿐이라고. 낯설면 서툴고, 방심하면 사고도 나고, 그렇게 몇 번 깨지며 이불킥을 반복하다보면 어느새 능숙해질 거라고. 원래 일상이라는 게 잘 나가다가 엉뚱한 곳에서 멈추는 것이고, 계획은 애초에 틀어지라고 있는 거니까. 그럴 땐 '스탑앤고' 매뉴얼이나 찬찬히 읽어보면 된다. 괜히 애꿎은 차를 탓하지 말고.

　그러니 잠깐 멈추더라도 음악은 여전히 끝나지 않았다는 걸 기억하자. 다시 시작할 수 있는 마음이 있다는 걸 잊지 않기로 한다. 실수한 나보다 더 마음을 졸이는 관객들도 있겠지만, 대체로 폭신한 의자에 앉아 '꽤 재밌는 구경거리네'하고 생각할 테니. 그럴 땐 헛기침 한 번 하고, 머리 좀 긁적이다가 다시 시작하면 된다. 그럼 사람들은 당신에게 이전보다 더 큰 박수를 보낼 것이다. 나의 무대가 그러했듯이. 우리는 언제든 다시 시작할 수 있다.

달빛에게 묻는다

어느 겨울밤이었다. 침대에 누웠는데 그날따라 창문 밖으로 환한 빛이 들었다. 집 앞에 갑자기 가로등이라도 생겼나 싶었지만 우리집은 23층이다. 가로등이 있다 한들 보일 리가 없겠지. 그 빛은 하늘에서 내려오고 있었다. 은은한 비단결 같은 빛, 곱게 흘러내릴 것만 같은 달빛이 방안으로 쏟아지고 있었다. 이 순간에 어울릴 음악을 딱 한곡만 고르라면 조금 뻔하지만 드뷔시의 〈달빛(Clair De Lune)〉을 선택하겠다. 달빛과 피아노라니. 이것이야 말로 진정한 클래식이 아닐까. 주섬주섬 스마트폰을 찾아 음악을 재생해본다. 빛이 달아나지 않도록 아주 낮은 볼륨으로.

음악이 흐르자 아내는 마치 청춘영화의 주인공이라도 된 것처럼 창문 앞에서 황홀한 표정을 짓는다. 마치 아침 태양이 반짝거리는 지중해의 섬에서 커튼을 막 열어젖힌 사람처럼 호들갑을 떨어댄다. 달빛의 온도와 엇박자를 내는 아내의 모습이 재미있다가도 문득 여전히 소녀 같은 감수성이 부러워서 (사실은 시끄러워서) 살며시 말해본다.

"나도 달빛이 멋지긴 한데 당신처럼 마음속에서 아름다움이 마구 느껴지지는 않아."

그러자 아내는 정말 신기한 사람이라는 듯 "정말이야?"라고 (여전히 시끄럽게) 몇 번이나 되묻는다. 그리고 이렇게 말했다.

"달빛이 여기까지 내려왔잖아. 깜깜한 세상에서 달빛이 이 방까지 들어온 거라고. 색만 보면 차가운 빛깔인데, 방안으로 들어온 빛이 따뜻하게 느껴지지 않아? 그러니까 달빛은 위로 같은 거야. 햇빛은 눈으로 볼 수 없는데, 달빛은 눈으로 볼 수 있잖아. 그래서 저 달빛을 보다보면 마음이 편안해져서 잠도 잘 오는 거야."

결론은 '잠이 잘 온다'인 것인가. '그래, 잠 못 드는 세상에서 잠들게 해주는 것은 다 고마운 것들이지'하며 혼자 실없는 결론을 내고는 스마트폰을 다시 주워들었다. 조금 전 아내의 말이 멋진 것 같아 잊기 전에 메모해 두려고. 그래, 아름다움을 안다는 것은 얼마나 아름다운 일인가. 같은 걸 보고도 전혀 공감대가 없는 'ENFP'와 'INTP'의 평행대화는 그 뒤로도 계속되었다. 한때 나도 밤하늘을 보며 음악을 듣고 눈물을 흘린 적도 많은데 지금의 나는 왜 무엇을 보아도 들어도 그저 심드렁한 걸까.

*

나는 밤하늘이 아름다운 곳에서 대학 시절을 보냈다. 대학을 가기 전까지는 '읍내'에서 살았다. 입시레슨을 받으러 서울을 오가던 시절, 기차가 한강철교를 건널 때면 나는 강 건너 내가 다닐 학교를 떠올리곤 했다. 그럴 때마다 심장이 쿵쾅거려 견딜 수가 없었다. 나도 드디어 서울 사람이 될 거라고. 하지만 막상 대학생이 되자 나는 한강철교는커녕 서울 톨게이트에서 남쪽으로 정확히 오십 분을 달려야 도착할 수 있는 한적한 캠퍼스에 정착했다. 차를 타고 조금만 나가면 온통 논밭이었고 리조트인지 학교인지 헷갈릴 만큼 숲과 나무로 둘러싸인 곳이었다. 안성시 대덕면 내리. 평생을 '읍'에서 살았는데 나의 대학생활은 읍도 면도 아닌 '리'에서 시작되었다.

음대 건물은 작은 산자락을 끼고 돌아야 닿는, 캠퍼스 안에서 가장 외진 곳이었다. 한 번 들어가면 나오기 어려워, 기숙사 폐문 시간을 놓치면 밤샘 연습을 각오해야 했다. 음대로 향하는 길은 제법 멀었지만, 그래도 이런저런 생각을 하며 걷기엔 이만한 곳이 없었다. 내가 가장 좋아했던 구간은 마지막 직선길, 일명 '키스로드'였다. 봄이 오면 바닥이 푹신할 만큼 벚꽃이 쌓였고, 밤이면 산자락에서 스며 나오는 축축한 흙내와 나무의 숨, 절정으로 치닫는 벚꽃 향이 뒤섞여 어디서도 맡기 힘든 향기를 만들었다. 밤공기가 차가워지는 가을엔 소리가 인상적이었다. 산속에서 소쩍새, 귀뚜라미, 풀벌레가 선창을 하면, 저 멀리 음대 건물에서 바이올린이나 트럼본, 오보에 같은 악기 소리가 메아리처럼 겹쳐 들렸다. 도시에 대한 꿈은 어느새 사라지고, 나는 자연 한가운데 덩그러니 놓인 이 캠퍼스를 좋아하게 되었다.

실기시험이 다가오면 나와 동기들은 으레 밤샘연습을 시작했다. 정작 진짜로 밤을 새는 날은 손에 꼽았다. 낮에 낄낄거리던 애들이 죄다 한곳에 모였는데 연습이 될 리가 있나. 한 명이 피아노 뚜껑을 덮으면 서로 약속이라도 한 듯 치킨을 주문해 음대 옥상으로 올라갔다. 야식 따위의 유혹에 넘어가지 않겠다며 애써 문을 걸어 잠근 애들도 치킨 상자의 고무줄이 '팅'하고 풀어지는 순간 투덜거리면서 나타났다. 막판까지 안 나오는 지독한 애들도 있었지만 엉망진창인 연주를 들어보면 이해가 되었다. 뭐, 어차피 망할 거라면 치킨이라도 먹는 게 남는 거 아닌가?

달빛이 은은한 밤이면 누군가 연습실 문을 열어 놓고 드뷔시의 〈달빛〉을 치거나 브람스의 랩소디를 어설프게 더듬었다. 실기시험이 다가올수록 광기는 깊어졌다. 보름달이 뜨는 밤이면

라흐마니노프의 협주곡이나 리스트의 초절기교 연습곡 선율들이 어설프게 건반 위를 떠돌았다. 어디선가 성악가의 발성을 흉내 내며 노래를 뽑는 이들도 있었다. 달밤은 우리를 꿈꾸게 했다. 그 달을 보며, 언젠가 지구 반대편에서 펼쳐질 찬란한 미래를 마음껏 그려댔다.

시끄러운 애들이 모두 기숙사로 들어가면 비로소 나의 시간이 시작되었다. 나는 음대 건물 앞뜰에 서서 먹구름과 뒤엉킨 달빛을 올려다보곤 했다. 빛과 어둠, 경계, 선과 악. 밤하늘은 온갖 생각을 모두 소환해냈다. 달빛은 태양처럼 어둠을 밀어내지는 않았지만, 그 곁에 조용히 머물렀다. 먼저 잠든 어둠을 깨우지 않으려는 마음, 다정하고 어른스러운 그 빛을 믿었다. 비록 지금은 어두워도, 달빛의 진심은 언젠가 전해질 거라고. 그래서 나는 늘 하늘을 올려다보며 생각했다. 저 광활한 우주 어딘가에 나를 받아줄 존재 하나쯤은 있지 않을까 하는 생각. 그 밤의 독백이 지금 나의 음악을 만들었다고 믿는다.

자기 방 드나들 듯 서로의 연습실을 오가던 친구들은, 이제 안부를 묻는 일마저 잠시 망설이는 어른이 되었다. 무리 중 몇몇은 끝내 뉴욕의 달을, 베를린의 달을, 파리의 달을 보았다. 리히터를 동경하던 선배는 제주도에 햄버거 가게를 냈고, 누가 봐도 제일 먼저 유학을 떠날 것 같던 친구는 가장 먼저 결혼해 세

아이의 엄마로 살고 있다. 모두가 저마다의 길에서 그럭저럭 어른이 되어가는 중이다.

모든 것이 서툴렀지만, 모두가 서둘러 흘려보내던 시간. 차가운 달빛 아래서 뜨거운 미래를 다짐하던 날들. 캠퍼스에 내리던 달빛은 음악이었고, 광기이자 순수였으며, 독백의 스포트라이트였다. 청춘의 낭만이라 부르기엔 어딘가 고리타분하지만, 그 시절을 대신할 말을 나는 아직 찾지 못했다.

아빠가 어릴 적에는

처음 곡을 쓰기 시작할 무렵, 사람들로부터 가끔 이런 말을 듣곤 했다.

"생각보다 젊은 분이셨네요."

여기서 당신의 '생각'이란 무엇인가. '젊다'는 것은 또 무엇인가. 마뜩찮은 표정으로 눈알을 여기저기 굴려보며 잠시 대꾸할 말을 고민해 보지만 이럴 땐 그저 웃어넘기는 게 옳다.

"아 예, 제가 좀 그렇죠. 잘 봐주셔서 감사합니다."

그의 의중을 이해한다. 스스로 생각해도 내 음악은 꽤 나이 들어 있었으니까. 막상 만나보니 새파랗게 젊은 녀석이 삶이며 세상이며 다 아는 척 읊조리는 게 귀엽기도 하고, 애잔하기도 했을 터. 곱게 말하면 조숙하고 나쁘게 말하면 애늙은이인 건데, 경험상 어느 쪽도 맘에 들진 않더라. 그 뒤로 10년 정도 지나 나는 진짜로 물리적인 나이가 쌓였다. 다행히 만 나이로 내려쳐서 당분간은 삼십대를 고수할 수 있을 것 같다. 최근엔 건강검진을 받았는데 40세부터는 새로운 검사들이 추가된단다. 애써 나이를 39세로 낮춰 적는 손길에 잠시 옹색함이 머문다. 유예된 채무의 상환은 늘 버거운 법.

그래도 한편으론 나이 먹는 게 다행이라 생각될 때가 있다. 젊은 시절 성급하게 먼저 달려가 버린 생각의 조각들을 드디어 만나게 될 테니까. 노래에는 늘 시간의 아쉬움이 담기는 법이라 때론 닿지 못할 미래로, 때론 그리운 과거로 향하기도 한다. 나의 경우는 대게 전자였다. 가수 이상은의 노래처럼 "젊은 날엔 젊음을 몰랐고, 사랑할 땐 사랑이 보이지 않았던" 나의 그 시절엔 현재에 발을 딛지 못하는 어딘가 애달픈 구석이 있었다. 만약 나이가 들어 먼 곳에서 오랜 시간 기다려준 내 마음을 만난다면 그동안 고생 많았다고, 오래 기다렸다고, 토닥여주고 싶다.

*

초등학교 때 '아버지 백일장'이라는 행사가 있었다. 어릴 땐 마냥 낭만적인 행사라고 생각했는데 이제와 돌이켜 보니 꽤 무모한 기획이었다. 이 백일장은 선택권이 없는 전교생의 숙제였으니까. 생계의 최전선에서 발바닥에 불이 나도록 뛰어다닐 아버지들이 모든 과업을 멈추고 뭔가를 써내기 위해 머리를 쥐어뜯는 장면을 상상해 보라. 그나마 시간 여유가 있는 아빠들은 원고지 열댓 장 정도의 짧은 수필을 쓸 수 있겠지만, 대게는 그게 어려우니 시를 쓰거나, 그마저도 어려우면 '불조심', '환경보호' 같은 짧은 문구가 적인 포스터라도 그려서 내야했다. 1990년대, 경운기를 수리하던 검은 손으로 포스터컬러 물감을 묻힌 붓을 들고 '하나씩만 낳아도 삼천리는 초만원' 같은 글을 써 내려갔을 그 시절 아버지들을 잠시 떠올려본다.

내 아버지는 그때 시를 쓰셨다. 그것도 5분 만에. 아버지의 마감 시간은 가혹할 정도로 빠듯했다. 제출해야 하는 당일 아침, 그것도 등교하기 5분 전에 "아빠 글 써주세요"라고 얘기했으니까. 그때 아버지의 울그락붉그락했던 표정이 기억나는데, 그 심각한 상황이 나는 왜 그렇게 웃겼는지 모르겠다. 화를 낼 시간도 없었던 아버지는 문을 쾅 닫고 서재로 들어가서는 플러스 펜으로 A4용지에 흘겨쓴 시 한편을 적어 나왔다. 한참을 쳐다봐야 무슨 글씨인지 겨우 알아볼, 누가 봐도 급하게 쓴 시 한편. 그런데 어쩐 일인지 시를 써낸 아버지의 표정은 마냥 화가 난 것 같지만은 않았다. 하긴 아버지도 내심 뿌듯했을 거다. 암, 역시 창작의 영감은 마감인 법이지. 그렇게 급조된 아버지의 시

는 놀랍게도 백일장에서 시 부문 1등을 차지했다. 시의 첫 구절
은 이렇게 시작되었다.

'아이야, 아빠가 어릴 적에는…'

거기엔 당신의 어린 시절 풍경과 함께 놀던 벗들이 뛰놀고 있
었다. 한여름의 파란 하늘과 개울가에서 물장구치는 아이들의
풍경, 맑고 비릿한 민물 냄새, 냇가에 핀 식물들의 푸릇한 풀내
음, 돌이끼의 미끌거리는 촉감까지. 시가 그림이 되고, 빛깔이
되고, 향기가 될 수 있다는 걸 그때 처음 알았다. 몇 글자 되지
않는 글자의 세계에서 나는 그 공간을 함께 추억하며 그려낼 수
있었다. 또렷이 기억나는 첫줄을 뺀 모든 문장은 기억 속에서
지워졌지만, 행간에 머물던 풍경은 한편의 영화처럼 여전히 선
명하게 남아 있다.

*

어느 성악가 부부를 위해 자장가 작곡을 의뢰받은 적이 있다.
곡을 구상하면서 나는 그 시절의 아버지를 떠올렸다. 아버지의
시로 인해 내가 없었던 세상과 연결되었듯, 이제 곧 세상으로
나올 아이와 나의 시간을 이어주고 싶었다. 여름과 가을의 문
턱, 계절이 품어낸 풍경 속에서 눈에 보이는 모든 장면들을 훑
어 모았다. 그렇게 주워온 선율의 조각들은 〈별의 노래〉라는 곡

이 되었다.

별의 노래
정환호 작사/작곡

잠비 내리는 초록빛 여름 지나고
바람꽃 부는 가을 저녁에
파도색 하늘이 붉게 물들어
서산 너머로 사라질 때

엄마의 토닥이는 손길
품속의 따스한 목소리가
스르륵 잠드는 아가의 귓가에
살며시 내려앉는다

저 하늘 너머로 빛나는 별들의
노랫소리를 들어보렴
먼동이 트면 지새는 달이
저만치 사라져 갈 때까지

저 하늘 너머에 숨겨진
별들의 이야기들을 들어보렴

먼동이 트면 지새는 달이

저만치 사라져 갈 때까지

잘 자거라

　아주 가끔, 아버지가 썼던 그 시의 내용이 궁금해질 때가 있다. 막상 다시 찾게 되면 지극히 평범한 내용에 실망하게 될까, 아니면 더 생생하게 되살아날까? 기억의 책갈피는 이미 사라진 지 오래지만 그날의 시는 문자가 아닌 하나의 풍경으로 내 마음에 깊게 새겨졌다. 기억 속에 담아둔 당신의 추억과 순수했던 날의 시선, 자신의 세상을 아들에게 남겨주려는 노력. 씩씩거리며 서재로 들어가 10분 남짓 써 내려간 글은 시가 아니라 영원으로 흐르는 마음이 아니었을까. 짧은 시간 모든 감각을 총동원해 빠르게 휘갈겨 썼을 아버지의 뒷모습이 가끔 그리워진다.

　딸 민하가 두 돌이 되던 때부터 매일 밤 〈별의 노래〉를 들려주었는데, "민하를 생각하며 만든 노래야"라고 하니 매일밤 귀를 쫑긋 세워 열심히 듣는다. 언젠가부터 한 소절씩 가사를 곧잘 외우더니 네 살이 된 해부터는 피아노 반주에 맞춰서 노래도 제법 부른다. 언젠가 아이가 크면 아버지의 백일장 이야기를 꼭 해줘야겠다. 고향의 시냇가에는 할아버지의 시간, 아빠의 시간이 노래하고 있다고. 냇물처럼 오래오래 흘러갈 거라고.

<파일럿>과 세 개의 코드

실로 험난한 여정이었다. 집에서 출발해 읍내 중심부의 로터리를 지나 개천을 가로지르는 마차다리 근처로 올라가면 복작거리는 읍내 장터가 펼쳐졌다. 시장 첫 줄에는 명란젓, 창란젓, 곤쟁이젓 같은 것을 파는 젓갈집이 있었고 고등어나 오징어처럼 생물 생선들을 파는 가게도 있었다. 머리가 아플 정도로 비릿한 냄새는 여름이면 더 심해졌는데, 그럴 땐 북적이는 시장을 피해 옆 골목으로 우회해서 지나가곤 했다. 중심 상권에서 한 블록 떨어진 그 골목에는 한약 재료를 파는 약재 가게나 한약방이 있어서 늘 쌉싸름한 냄새가 났지만 그래도 한여름의 역한 생선 냄새보다는 견딜 만했다.

그렇게 시장을 지나 학원 근처에 가까워지면 큰 결정을 내려야 할 시간이 다가온다. 핫도그를 사 먹을까 오뎅을 사 먹을까,

아니면 공판장에서 350원짜리 칠성사이다를 사 마실까 하는 행복한 고민의 순간이다. 주로 승리하는 쪽은 핫도그였다. 학원 앞 노점에 가면 소시지와 함께 노릇하게 튀겨낸 밀가루 반죽에 설탕과 케첩을 뿌려 먹는 옛날 핫도그를 300원에 사 먹을 수 있었다. 생선 냄새와 한약 냄새를 뚫고 피아노 학원을 와야 할 이유는 핫도그 만으로도 충분했다.

내가 다녔던 피아노 학원은 '복무춘(福務春)'이라는 중국집 건물 2층에 있었다. 친구의 집이자 친구의 어머니가 원장님이었던, 중앙동에서 유일한 피아노 학원이었다. 건물 앞에는 좁은 비포장 흙길이 있었는데, 맑은 날에도 근처 건물에서 새어나오는 하수 때문에 입구는 늘 질척거렸다. 건물 입구에는 사나운 개 한 마리가 허술해 보이는 목줄에 묶여 있었다. 개도 무서웠지만 문 앞의 흙길을 밟는 게 여간 고역이 아니었다. 장마철에 비라도 내리는 날이면 바닥의 흙과 개똥, 연탄재가 한데 섞여 줄줄 흐르며 진창이 되어버렸으니까. 이 모든 장애물을 뚫고 이층 학원으로 올라가면 우리 모두가 한 번쯤은 들어보았을 법한 피아노 학원의 익숙한 소리가 들렸다.

정겨운 옛 피아노 학원 소리의 비밀은 대충 이렇다. 우선 피아노가 조율이 안 되어 있어야 한다. 적당히 한두 개 정도는 줄이 끊어져 있어야 하고, 가슴팍에 닿는 가운데 도에서 윗건반을 향해 올라갈수록 음의 높이가 서로 미세하게 달라야 한다. 분명 '레'를 쳤는데 '도' 소리가 나는 오래된 피아노. 삼익이나 영창은 언감생심이고, 악보를 놓는 받침대 아래에 '호루겔'이나 '대우'라고 적혀있으면 다행이다. 〈고양이 춤〉, 〈엘리제를 위하여〉, 〈크시코스의 우편마차〉, 혹은 〈군대행진곡〉 같은 유명한 곡을 연주하지만 쉬운 부분은 아주 빠르게 반복해서 치고, 어려운 부분은 한두 번 더듬더듬 치다가 성질을 못 이겨 쿵쾅쿵쾅 건반을 두들기는 소리도 빼놓을 수 없다.

그곳에서 템포를 제멋대로 연주하고 어려운 구간은 손댈 생각도 안하는 아이가 바로 나였다. 학원에도 나름대로 엘리트들은 있었다. 저녁 무렵 학원에 가면 바흐 인벤션은 물론, 그 어렵다는 모차르트 소나타를 기가 막히게 연주하는 고등학생 누나들을 볼 수 있었다. 어깨 너머로 듣는 연주는 멋졌다. 똑같은 피아노에서 다른 소리가 났다. 하지만 이상하게도 '나도 저렇게 쳐보고 싶다'는 마음이 들진 않았다. 지금 생각해 보면, 애초부터 나는 못할 거라고 지레 겁먹은 마음이 아니었나 싶기도.

*

고학년이 되자 나도 바흐 인벤션과 모차르트 소나타를 치게 되는 날이 왔다. 어린 시절의 직감이 맞았다. 피아노는 점점 어려워지기 시작했다. 난이도는 가파르게 정상으로 치달았다. 무엇보다도 음표를 읽는 게 너무 지루했다. 굳이 이 험한 산을 넘을 필요가 있나 생각했던 나는 연습한 횟수보다 두 개 정도 더 많은 사과를 칠했다. 진도가 늘 때마다 가짜 사과의 개수도 점점 늘어나더니 언제부턴가 학원으로 향하는 발걸음도 느려지기 시작했다. 학원으로 가는 길에 종종 친구 집이나 오락실로 새버리는 일도 있었다.

피아노 학원으로 가는 걸음이 빨라진 건 아마도 1994년 여름 즈음이었던 것 같다. 그날따라 내가 피아노 학원 문을 제일 먼저 열고 들어갔는데, 누군가 피아노 위에 남겨둔 악보를 보게 되었다. 드라마 〈파일럿〉의 주제가를 피아노로 칠 수 있게 만들어 놓은 코드 악보였다. 갑자기 가슴이 쿵쾅거리기 시작했다. 〈파일럿〉은 대한민국 최초의 항공 드라마였다. 밤 10시, 졸린 눈을 비비며 탑승한 그 이야기는 여전히 기억 속에서 비행 중이다.

"그것이 끝이라고 우린 믿지 않았지
너 떠난 텅 빈 활주로에 쏟아지던 너의 목소리
너를 뜨겁게 안고서 두 팔이 날개가 되어
언젠가 네게 약속했던 저 달로"

이 가사를 보고 가슴이 뭉클해질 이 땅의 삼촌, 이모들의 안부를 묻는다. '도-파 미레레레 레-도레'로 시작되는 경쾌한 신스 사운드 멜로디와 왼손의 $\text{II} - \text{V} - \text{I}$ [1] 진행은 영화 〈탑건〉 주
제가만큼 매혹적이었다. 악보를 펼쳐 첫 음을 눌렀을 때, 전기
가 몸을 스치는 듯한 감각이 찾아왔다. 단순한 반주였지만 체르
니에서는 들을 수 없던 음들이 〈파일럿〉 악보에서는 하늘로 솟
구쳐 올랐다. 이런 음악이라면 하루 종일이라도 칠 수 있을 것
같았다. 그 순간 알게 되었다. 악보에 쓰인 대로만 연주할 수 있
는 게 아니라, 나만의 화음을 얼마든지 만들어낼 수 있다는 것
을. 재즈에서 비롯되어 팝으로 퍼지고, 우리나라로 건너와 '코드
반주'라 불리게 된 이 연주법에 나는 빠져들었다. 그때의 나는
코드(Chord)라는 게 벽에 꽂는 코드(Cord)랑 같은 거라고 생각했
다. 적어도 그때는 다르지 않았다. 둘 다 찌릿한 건 마찬가지였
으니.

*

'코드'라는 단어엔 여러 뜻이 겹쳐 있다. 정치권에서 '코드인
사'가 회자될 때마다, 그 코드가 무엇을 가리키는지 해석이 분분
했다. 시스템의 코드(Code)인지, 화음의 코드(Chord)인지 전기 코
드(Cord)인지. 어느 쪽이든 '코드인사'라는 건 자기편을 쓴다는
거 아닌가. 그럼 서로 같은 언어를 써야 할 것이고, 합도 맞아야

---

1 팝음악에서 꼭 빠지지 않고 등장하는 화성진행 규칙으로, 사람들이 좋아하는 화성진행인 '머니
코드'가 대부분 이 규칙을 따른다.

하고, 맞물린 콘센트처럼 딱 맞아야 할 테니 셋 중 뭘 골라도 이렇게 절묘할 수가 없다.

어쩌면 내가 〈파일럿〉 악보를 만난 것도 코드의 순간이었다. 내 몸에 딱 맞는 음악, 내가 스스로 짜나가는 음악, 그 안에서 이루어지는 완전한 합주까지, 코드의 세계에서는 어떤 길이든 갈 수 있었다. 진흙길이든, 시장통의 비릿한 생선 가게 길이든 어디를 거쳐도 상관없었다. 완벽하게 짜여진 악보 속에서는 느낄 수 없던 자유가 펼쳐지는 순간이었다. 나 자신의 음악을 스스로 조종할 수 있는 '파일럿'이 된 셈이다.

그제서야 음악의 세계가 마음에 들었고, 피아노는 다시 흥미로운 존재가 되었다. 그건 어린 시절의 단짠 인생에서, 꽤 쓸모 있고 필요한 것이었다. 설탕과 케첩이 듬뿍 묻어 있던 핫도그만큼이나.

자라투스트라는
이렇게 말했다

나였던 그 아이는 어디 있을까,

아직 내 속에 있을까 아니면 사라졌을까?

– 파블로 네루다, <질문의 책> 중에서

열 살이 되던 해, 봄이었다. '전축'이라고 불렸던 커다란 오디오 한 대가 집으로 들어왔다. 가구인지 기계인지 모를 이 시커면 물건은 비좁은 거실의 절반을 차지했지만 정작 소리가 나는 날은 손에 꼽았다. 화면이 없는 오디오는 늘 TV에 주도권을 빼앗겼다. 가족들이 모여 앉아 불을 끄고 음악만 듣는 '가족음감회'는 어딘지 모르게 불길하고 어색하니까. 게다가 아버지는 음악이 듣고 싶으면 서재에서 헤드폰을 쓴 채 워크맨을 틀었고, 누나는 제방에서 커다란 건전지가 들어가는 휴대용(휴대가 간신히 가능한) 카세트를 들었다. 새로운 물건에 아무도 관심을 갖지 않는 걸 확인한 뒤로 나는 내 맘대로 그걸 가지고 놀기 시작했다.

오디오와 함께 들어온 수납장에는 LP와 CD가 꽂혀 있었다. 대부분 클래식이었다. 나는 경험이 부족한 디제이처럼, 첫 소절이 마음에 드는 음악만 골라냈다. 사람 목소리가 들리면 다시 수납장으로 들어갔고, 악기만 연주되는 곡들만 살아남았다. 그렇게 남은 음반들에는 하나같이 노란 딱지가 붙어 있었다. 도이치그라모폰. 클래식을 상징하는 작지만 거대한 표식.

*

학교에서 돌아오면 집에는 오전 햇살이 빠져나간 자리에 남은 온기가 있었다. 문을 열고 숨을 크게 들이쉬면 콩나물국이나 코다리찜 같은 엄마의 음식 냄새가 스며들며 이내 안도감을 느끼곤 했다. 부모님이 예고 없이 외출을 할 때면 식탁에 음식을 차려놓고 수저 밑에 쪽지를 남겨두었는데, 대체로 어딜 가고 몇 시에 올 테니 뭘 챙겨 먹으라는 내용이 적혀 있었다.

혼자 있는 건 익숙한 일이었다. 정오가 지나면 한낮에도 저녁처럼 어둑했다. 나는 카펫에 누워 커튼 사이로 스며든 빛을 멍하니 바라보았다. 빛을 따라 떠다니던 섬유 먼지가 사라지고 나면 눈에는 햇살이 남긴 파란 잔광이 남았다. 그럴 때면 마음

한구석이 아리면서 나도 어디론가 사라져버릴 것 같은 기분이 들었다. 그럴 때마다 나는 오디오 앞에 앉았다. 불안으로 벌어진 마음의 틈에는 모차르트의 음악이 어울렸다. 현악 사중주와 클라리넷이 함께 연주하는 클라리넷 오중주(K581)의 첫 소절이 시작되면 어둑한 집에는 이내 음악의 온기가 돌았다. 나무의 숨결을 닮은 다섯 악기의 단순한 선율에는 매번 충만한 감정이 맴돌았고, 그 안에는 나를 맞아주는 손길 같은 것이 있었다. 열 살의 나는 말로 표현하는 것이 서툴렀지만, 음악은 내게 더 쉬운 언어였다. 누군가와 대화를 할 때보다도 음악을 들을 때 내가 더 이해받고 있다는 느낌이 들었다.

해가 완전히 넘어간 어두운 방에서는 가끔 낯선 음악이 흘렀다. 우주와 행성이 그려진 앨범 재킷이 신기해서 우연히 듣게 된 곡, 〈자라투스트라는 이렇게 말했다〉. 니체의 책에서 영감을 받은 리하르트 슈트라우스의 교향시였다. 저음 현악기의 음산한 선율과 함께 오디오의 우퍼가 우르릉 떨리면, 그 위로 차가운 금관악기의 팡파르가 겹쳐졌다. 심연을 두드리는 팀파니, 비장한 단조 화성이 몇 차례 반복되다 마침내 장대한 화성의 문이 열렸다. 그 순간 나는 적막한 우주에 남겨졌다. 비록 짧은 전개부였지만, 숨을 꽤 여러 번 참아야 했다. 곧 이어지는 음산한 피치카토[2] 구간은 더 견디기 힘들었다. 집안 전체가 암흑으로 가라앉는 듯한 낯선 공포. 이 부분에서 나는 고개도 못 돌린 채, 눈동자만 좌우로 굴리면서 아무도 없는 집에서 인기척을 확인하곤 했다. 마치 〈둠〉 같은 게임 속에 들어온 기분이었다. 갑자기 괴물이 튀어나오지는 않았지만, 내 감상은 늘 이 즈음에서 끊겨졌다. 바로 제2장 '이면의 존재들'이었다.

　이 구간을 스무 살이 넘어 다시 들었을 때, 그 선율은 전혀 다르게 다가왔다. 마치 캄캄한 복도 끝에 숨겨진 정원을 발견한 듯했다. 여전히 두려웠지만, 홀린 듯 그곳으로 걸어 들어갔을 때 나는 이제껏 보지 못했던 새로운 세상과 마주해버렸다. 그곳에선 거대한 그리움이 영혼을 긁어내며 울부짖고 있었다. 차곡차곡 쌓이던 고통의 서사가 별이 폭발하듯 터지며 사방으로 파편을 흩뿌리는 곳. 혼돈과 고통의 선율은 심장을 찢듯 포효했고, 나는 가슴 깊은 곳에서 얼얼한 통증을 느꼈다. 그 시절 이 구간을 듣지 않은 건 참 다행이라 생각하며.

＊

　수납장 음반 중에는 슈베르트의 피아노 소나타도 있었고 베토벤의 교향곡도 있었다. 하지만 그들은 내게 낯선 사람들이었다.

2　현악기를 연주할 때 손가락으로 현을 뜯어 소리를 내는 주법.

더는 들을 음악이 없을 때 호기심에 몇 번 들어본 것이 전부였다. 초상화 속 눈빛은 괜히 불편했고, 마치 스피커 사이로 얼굴이 튀어나올 것만 같았다. 금방이라도 현관문을 쾅쾅 두드릴 것 같은 낯선 두려움이었다. 녹음 탓인지, 원래 연주가 그랬는지 낙소스 레이블에서 발매된 슈베르트의 피아노 소나타는 온통 차가운 소리뿐이었다. 혼자 있는 건 좋았지만, 스산한 외로움까지는 원치 않았다. 낯선 존재가 불편했던 나는 CD를 넣자마자 집안의 온기를 빼앗아가는 슈베르트를 본능적으로 밀쳐냈다.

그에 반해 베토벤의 음악은 불같았다. 두 번째 트랙, 2악장은 잠시 나긋했지만 그것도 앞의 몇 소절뿐이었다. 베토벤은 열세 살이 되던 해에 첫 번째 작품을 출판했다는데, 나는 햇수로 3년이 모자라서였는지, 아니면 시대가 달라서였는지, 성미 사나운 그의 음악을 이해하려면 꽤 많은 시간이 필요했다. 그럼에도 한편으론 왜 그의 음악을 알아들을 수 없는지 궁금했고, 언젠가는 알고 싶다는 마음이 샘솟았다.

불같은 베토벤과 겨울바람 같은 슈베르트. 그 사이 어딘가에 내 어린 시절이 있었다. 다섯 평도 안 되는 거실엔 수백 년 전 예술가들이 그려놓은 환희와 절망의 그림자가 어른거렸고, 저마다의 숨으로 뱉어 놓은 음표들이 허공을 맴돌았다. 커튼 틈으로 들어오던 빛이 사라지면 한낮에도 깜깜한 밤이 되었지만, 음악만은 그 어둠을 몰아냈다. 덕분에 나는 무섭지 않을 수 있었다.

이제는 더 이상 해가 저물어 가는 하늘을 봐도 두렵지 않다. 낯선 곳으로 사라져버릴 것 같아서 숨을 참거나 눈동자를 굴리는 일도 없다. 영화 〈인터스텔라〉처럼 30년 전 그 시절로 시공을 초월할 수 있다면 어떨까. 금방이라도 문을 쾅쾅 두드릴 것 같은 그 두려움의 존재가, 그 낯선 사람이 사실은 미래에서 온 나였다는 엉뚱한 상상을 해본다. 딱히 전하고 싶은 거창한 메시지는 없지만, 그냥 그 시절의 어린 나를 한 번쯤 다시 보고 싶을 때가 있다.

숫자의 창

6학년의 마지막 겨울 방학은 지독히도 괴로웠다. 단과 학원에 다니며 수학 선행학습을 시작했기 때문이다. 다시 태어난다해도 이 과목과 절대 친해질 수 없을 것이라는 예감. 나는 이미본능적으로 알아차렸다. 이 고통은 학생으로 살아가는 동안 결코 피할 수 없다는 것을. 수업을 전혀 따라가지 못하는 나를 위해, 아버지는 손수 특별 과외를 해주셨다. 물론 딱히 나아진 건없었다. 성실함과 끈기로 둘째가라면 서러울 아버지도 내 수학성적 앞에선 꽤 빠르게 체념했다. "그래, 앞으로 수학은 60점만넘기자." 아버지 기준에서 최후통첩이었겠지만, 그 점수를 넘긴적은 손에 꼽았다. 수능 시험 날, 2교시 수리영역이 끝나자 난드디어 세상의 모든 고통이 끝났다고 생각했다. 이제 수학 시험지 앞에서 더 이상 쓸모없는 사람처럼 쩔쩔매지 않아도 되었다. 수학이여 잘 있거라. 숫자 따위가 넘볼 수 없는 예술의 세계로 나는 떠난다. 이제 밤이 깊도록 슈베르트와 브람스를 연주하며 음악과 철학을 논하는 음악가가 될 거란다. 부디, 아디오스!

대학 입학 후, 나는 숫자와 관련된 과목과는 철저히 담을 쌓고 지냈다. '회계원리'나 '경제학원론'은 물론이고 제목부터 뻔뻔해 보이는 '생활 속 물리여행'이나 신비로운 우주로 포장해 호객행위를 하지만 알고 보면 물리학 수업인 '우주의 이해' 같은 과목들을 귀신같이 피해갔다. 대신 나는 말이 통하는 과목을 좋아했다. 애초에 '−1'이나 '0' 같은 정답을 정해놓고 '어디 한 번 풀어보시지' 하며 윽박지르는 과목들보다는, 질문이 열려 있는 '음악철학'이나 '교수철학', '미학' 같은 쪽이었다. 이런 과목에서는 시험 전에 주제 몇 개만 쓱 훑어도 된다. 여기저기서 긁어모은 얕은 지식을 그럴듯하게 늘어놓다 보면 시험지는 어느새 빼곡해지고, 나는 적당히 아는 척으로 점수를 챙겼다. 시간 대비 효율이 짭짤한 과목들이었다.

아주 잠깐은 숫자에서 해방된 듯했지만 복병이 있었다. 바로 화성학! 이건 숫자가 아닌 음표로 푸는 수학이었다. '어서 와, 오랜만이지?' 나는 다시 어두운 숫자의 그림자와 마주쳤다. 곡의 구조를 분석하는 데 한마디에 너댓 개의 숫자가 따라붙었고, 음 하나가 올라가거나 빠지면 화성의 전위가 바뀌고 해석도 달라졌다. 매 수업마다 규칙은 하나씩 늘어났다. 도에서 파로 바로 가면 안 되고, 두 성부가 같은 방향으로 움직이면 안 되고, 완전화음 뒤엔 불완전한 화음이 나와야 하고…. 이유는 제각각이었지만, 어쨌든 안 되는 게 더 많았다. 쏟아지는 규칙을 암기하고 적용하지 않으면 단 한마디도 넘어갈 수 없었다.

시험은 이런 식이다. 백지 오선지에 두 마디, 많아야 네 마디 정도의 짧은 선율이 주어진다. 나머지는 직접 작곡해서 채워야 한다. 시대별 화성법에 따라 수많은 가능성 중 '정답이 되는' 음표들을 골라야 하는데, 문제 자체를 이해하지 못했던 나는 빈칸에 내가 듣고 싶은 멜로디를 마음대로 적어냈다. 이를테면, 18세기 바흐풍 진행이 필요한 구간에, 김범수의 〈보고싶다〉에 어울릴 법한 코드들을 써넣는 식이었다. 내 귀에는 그게 훨씬 듣기 좋았다. 이론대로 정확하게 적힌 화성들은 어딘가 불협처럼 느껴졌고, 그 불편함을 견딜 수 없었다. 이를 테면 수학시험 답안지에 시를 적어낸 격이었다. 그땐 정말로 내 점수가 억울했지만 가르치는 사람이 되고 보니 알겠다. 그때 교수님이 F를 주지 않은 건 정말 대단한 자비였다고.

아무튼, 시간이 꽤 흐른 뒤에야 알았다. 우리가 부르는 '도레미파솔라시'는 현의 진동수를 정수비율(2:3, 3:4 등)로 계산한 조율체계였다는 사실을. 그리고 그 틀을 만든 사람이 바로 피타고라스였다는 것도. 그러니 음악은 애초에 수학에게 지배당하고 있었던 것이다. 조금만 일찍 알았더라면 음악을 전공하겠다는 결정을 한 번쯤은 망설였을지도.

*

신입생 시절, 첫 레슨에서 주어진 과제곡은 바흐의 평균율 〈프렐류드와 푸가〉였다. 프렐류드는 비교적 손쉽게 연주했지만, 푸가는 단 한마디도 곱게 넘어가 주는 법이 없었다. 몇 줄만 읽어도 졸음이 스멀스멀 밀려왔고, 옆에서 말을 걸어도 눈 하나 깜빡 안하는 사람처럼, 어딘가 딱딱해 보이는 음악이었다. 감정보다는 숫자에 집착하는 듯한, 묘하게 냉정한 성격까지. 나에게 푸가는 쉽지 않은 상대였다.

그래서 푸가란 무엇인가. 그건 바흐의 최종병기이자, 논리와 이성으로 무장한 다성음악의 꽃이다. (그런 꽃이 싱그러울 리가 없다.) 하나의 주제가 길을 열면, 다른 성부들이 차례로 따라나서며 교차하고 엇갈린다. 푸가는 정밀한 교통공학으로 설계된 교차로와 같다. 네 개의 선율이 다른 시점에서 출발해 얽히고설키지만, 단 한 번의 충돌도 없다. 어떤 선율은 잠시 멈추고, 어떤 선율은 치고 나가며, 서로를 피해가고 겹치기를 반복하면서도 질서정연하게 흐른다. 이 복잡한 움직임이 단 한 사람의 손에서 설계되고 통제된다는 사실을 떠올리면, 작곡가는 어쩌면 예술가이면서 동시에 공학자에 가까운 존재인지도 모르겠다. 그러니까, 푸가는 하늘에서 뚝 떨어진 영감의 산물이 아니었다. 오히려 끝없는 추론과 반복의 노동에 가까웠다. 수많은 경우의 수를 조합하고, 그 중 가장 아름답고 타당한 소리를 골라내야 하는 음악, 바둑처럼 수를 내다보고 건축처럼 설계도를 그려야 가능한 음악이었다.

그런 푸가에서 감정이나 표정을 찾으려고 했으니 번지수를 한참 잘못 짚은 셈이었다. 그때부터 교수님의 '설계도 읽기' 레슨이 시작됐다. 첫 과제는 단위를 재듯 소리의 정확한 스케일을 몸에 넣는 일. '도레미파솔라시도', 혹은 '도미솔도미솔도'를 똑딱거리는 메트로놈에 맞춰 열두 키로 전조하며 친다. 이 연습은 음의 깊이인 수직과, 음 높낮이인 수평의 개념을 훈련하는, 일종의 터닦기 작업이었다. 피아노 건반은 그냥 눌러도 소리가 나지만, 건반에 닿는 세기와 손 모양에 따라 배음[3]은 전혀 달라진다. 그 차이가 귀에 들어오기 시작하며 소리와 진동, 숫자의 상관관계를 이해하게 되었다. 그렇게 몇 달을 반복하자 흐트러진 진동이 서서히 정렬되었고, 마침내 단 하나의 음을 눌러도 피아노 줄의 모든 배음을 들을 수 있게 되었을 때 나는 비로소 연주를 시작할 수 있었다.

---

3 기본음의 배수 진동으로 생겨나는 소리. 음색을 결정하는 핵심 요소 중 하나다.

빈에 머물던 어느 해 여름, 나는 슈테판 대성당에 들렀다. 미사는 없었지만 성가대가 연습 중이었다. 문턱에서 고개만 삐죽 내밀고 멀찍이 연주자들을 바라보는데, 오르간 소리가 거대한 돔을 타고 입구까지 밀려왔다. 문득 질문이 떠올랐다. "마이크도 앰프도 없는데 어떻게 이렇게 소리가 선명한 거지?" 소리의 잔향을 따라 고개를 돌리는데 이번에는 시선이 스테인드글라스에서 멈췄다. 또 다른 질문이 생겼다. "저 커다란 유리를 어떻게 끼운 거지? 강화유리도 아닐 텐데 어떻게 버티고 있는 걸까?" 남들이 보면 참 별게 다 궁금하다 싶겠지만, 나는 진지했다.

한국으로 돌아오자마자 나는 중세 건축에 빠져들었다. 구조, 음향, 시대별 건축양식까지 쓸데없어 보이는 정보들을 섭렵하던 중 성당의 음향과 하중이 겹치는 접점을 발견하게 되었다. '아치'였다. 성당의 천장을 올려다보면 반원형도 있지만, 끝이 뾰족하게 만나는 '첨두아치(Pointed arch)'가 대개 더 많다. 이 아치는 단지 장식이 아니라, 천장을 밀어 올려 넓고 깊은 울림을 가능하게 하는 구조다. 성당의 오르간은 잔향 속에서 음이 다음 음과 포개질 때 가장 아름다운데, 천장이 높을수록 잔향은 더 풍성해진다. 아치의 꼭짓점에는 우산살처럼 교차된 '리브 볼트(Rib vault)'가 기둥까지 뻗어 있다. 이 지지대는 지붕의 무게를 벽으로 곧장 실리지 않게 분산시키는 역할을 한다. 그러니까 그 커다란 스테인드글라스가 버티는 까닭은 유리가 튼튼해서가 아니라, 보이지 않는 천장의 뼈대가 하중을 떠안고 있었기 때문이다.

그제서야 머릿속 단어들이 하나로 이어졌다. 이 모든 공학적 지식의 종착지는 창문이었다. 아치와 벽으로 이어진 복잡한 구조는 빛이 통과하는 그 순간 절정에 닿는다. 크레인도, 리프트도, 강화유리도 없던 시절, 돌 위에 돌을 얹고 구멍을 내어 유리를 끼우려면 얼마나 정교한 계산이 필요했을까. 두 원호가 만나는 꼭짓점, 각도와 곡률, 반지름과 중심을 수백 번, 수천 번 되짚어 마침내 창문을 낸 사람들. 빛이 없었다면 제아무리 장엄한 성당도 그저 시커먼 돌덩이였을 것이다. 그 덕분에 숫자의 세계는 창을 통과해 음악으로 변주되었고, 음악은 신과 인간, 사람과 예술이 자유로이 드나드는 통로가 될 수 있었다.

그러니 경이롭다. 거대한 돌들이 빚어낸 아치의 함수도, 수사로 가득한 고대의 음악이론도, 시의 언어에 겹겹이 쌓인 상징도, 모두 아름다움으로 향한다. 그 열망이 숫자의 세계도, 음표의 세계도 만들었을 것이다. 피타고라스는 숫자의 질서가 음악과 통한다는 것을 알고 있었고, 바흐는 그 질서를 따라 이성과 논리의 음악을 설계했으며, 베토벤은 그 위에 비로소 인간의 서사를 새겨 넣었다. 그들이 내어준 창을 통해 나는 더 이상 계산이 필요 없는 질문, 곧 자유의 질문을 할 수 있었다. 그러니 수학도, 결국엔 아름다운 것이리라.

그 오래된 지혜로 쌓아 올린 단단한 건축 위에 오늘 나는 어떤 창문을 낼 수 있을까, 또 무엇을 드나들게 할 수 있을까.

2 ──────────────── 기어코 다시,
음악을

상도살롱

나의 석사 졸업장엔 '경영학 석사'라는 타이틀이 찍혀 있다. 대학을 졸업한 나는 피아노를 피해 도망갔다. 물론 아주 멀리가진 못했다. 겁이 많아서. '경영학'이라는 단어 앞에 '문화예술'이라는 단어가 붙은, 그나마 안전해 보이는 전공을 골랐다. 가늘긴 해도 피아노와 이어진 끈 하나는 남겨 둔 셈이다. 전공을 바꿨으니 '순수한 음악가'는 사실상 포기해야 했다. 하긴 애초에 클래식 피아니스트를 꿈꾼 적도 없으니, 음악에 대한 꿈은 잠시 미뤄도 됐다.

내가 입학한 곳은 예술가들에게 경영의 효율과 시스템을 가르치겠다는, 대담한 발상으로 만든 신생학과였다. 마침 유행하던 학제 간 융합이라는 테마로 물과 기름 같은 '예술'과 '경영'을 마요네즈처럼 섞어보겠다는 실험. 호기롭게 뗀 첫걸음이 무색하게도 물은 물이고, 기름은 기름이라는 지극히 당연한 진리를 깨닫는 데는 그리 오래 걸리지 않았다. 거기서 내가 택한 전공은 더욱 혼란스럽다. 전공 이름은 인적자원관리(HRM). 내 인생도 제대로 관리하지 못하는 나는 학문을 핑계로 '리더십', '마음챙김', '조직유효성' 같은 집단의 언어와 욕구를 숫자로 계량하는 전공을 선택했다. 계량의 핵심은 통계였다. 아니 통계라니. 내 수학은 중학교에서 이미 멈췄는데. "이젠 예술가들도 통계를 알아야 한다"며 칠판 가득 정규분포 수식을 적어나가던 어느 교수의 겁박은 그리 오래가지 못했다. 정작 모든 시험은 'SPSS'라는 프로그램의 버튼을 몇 번 누르는 것으로 끝났으니까.

*

대학원에서 효율과 논리의 세계를 쌓고 있던 어느 날, 서로 다른 세계관이 정면으로 부딪히는 사건이 발생했다. 난데없이 그랜드 피아노를 사버린 것이다. 내 생애 첫 그랜드 피아노였다. 피아노를 피해서 겨우 도망쳤는데 느닷없이 또 피아노라니. 그럴 만한 이유가 있었다. 바로 파격적인 할인! 지금 시세로는 두 배를 쥐도 살 수 없는 피아노가 당시 절반 가격에 나와 있었다. 그동안 배운 논리로 따지자면 이건 무조건 사야 하는 물건이었다. 자산가치가 있는 물건이기도 하고 일단 할인된 만큼 안전마진이 보장되니까. 이걸로 뭘 할진 나중에 결정해도 될 테니, 나는 앞뒤 재지 않고 결제 버튼을 눌렀다. 물론 수중에 돈은 없었다. 대신 여태껏 그랜드 피아노 한 대 없이 피아노를 전공한 아들이 대견하고도 안쓰러웠을 어머니에게 "자, 드디어 어머니의 묵은 숙제를 해결할 기회가 왔어요"라며 뻔뻔한 후불 청구서를 들이밀었다.

피아노는 구했지만, 문제는 공간이었다. 몇 주간 발품을 팔다가 학교 앞 자취방에서 멀지 않은 상도동 34-18번지 건물 3층을 발견했다. 삼각형 구조의 서른 평 남짓한 공간, 큰 거실에 방하나 화장실 하나가 있는 허름하면서도 아늑한 곳이었다. 옥상과 옥탑방은 덤이었다. 운이 좋게도 이전 세입자가 인테리어를 원상복구하지 않고 나가버린 상태였다. 집주인에겐 골칫거리겠지만 공사비가 없던 나에겐 반가운 소식이었다. 공간은 마음에들었지만 월세가 비쌌다. 손에 쥔 건 한 달치 월세뿐이었다. 곰곰이 생각해보니 나는 피아노가 들어갈 네 평 남짓한 공간만 있으면 충분했다. 나머지는 혼자 쓰기엔 너무 넓었다. 고민 끝에같은 처지의 사람들을 모으기로 결심했다. 그들과 월세를 나눠내면 되지 않을까 하며. 큰 거실을 나누고, 방음재를 붙이고, 거실 중앙엔 반쯤 기울어진 싸구려 샹들리에를 달았다. 마침 결혼하는 친구 자취방에 있던 가구를 몇 개 얻어 와서 채워 넣고 각자의 공간을 나눠 사람들을 모집했다. 놀랍게도, 일주일 만에모든 사람들이 채워졌다.

버려진 폐가처럼 휑하던 공간은, 어느새 저마다의 사연을 가진 사람들로 활기가 돌았다. 오랜 꿈이었던 피아노를 취미로 다시 시작한 50대 아저씨, 오전엔 빵을 굽고 저녁엔 그림을 그리는 작가 누나, 다니던 직장을 그만두고 목공예를 시작한 친구까지, 하나둘 모여 어느새 북적이는 곳이 되었다. 음악 소리가 들리기 시작했고, 거실에선 누구든 대화를 이어나갔다. 저녁이면 각자의 친구들을 데려와 와인을 마셨고, 밤이 깊도록 예술 이야기를 나눴다. 찢어진 벽지를 가리기 위해 주워온 다섯 칸짜리 책장 위에는 무명의 예술가들이 만든 작품이 놓였고, 그 위로 오가는 사람들의 쪽지가 하나씩 얹혔다. 언젠가 피어날 각자의 씨앗들을 애틋함으로 건네던 시간. 그렇게 사람과 음악이 있는 작은 살롱이 시작되었다.

그 시절 나는, 낮에는 최고의 효율을 찾아 고민하는 경영학도였고 밤에는 피아노를 치며 고민을 잊는 예술가였다. 모두가 돌아간 새벽, 나는 아무도 방해하지 않는 곳에서 나의 소리를 마음껏 풀어냈다. 매일같이 새로운 멜로디가 차올랐고, 나는 애써 비켜갔던 음악을 기어코 다시 만났다. 아니, 예상치 못한 사고처럼 음악에 치어버렸다.

*

"세상은 원래부터 경쟁을 피할 수 없는 곳이죠. 그걸 받아들여야 합니다."

그 교수는 늘 그렇게 말했다. 비즈니스 얘기를 할 땐 시니컬한 얼굴이었는데, 그림이나 미술 얘기만 나오면 눈이 반짝였다. 정말 아수라 백작 같았다. 반은 장사꾼, 반은 소년. 그는 이 정체불명의 학과를 만든 주인공이었다. 예술과 돈. 사실 둘은 죽이 잘 맞는 사이다. 근데 티를 내면 안 된다. 서로 좋아하는 걸 절대 들키면 안 되는 사이. 고상한 척, 내숭 같은 게 필요하다. 그런데 그 교수는 그 은밀한 관계를 대놓고 까발렸다. 위험할 만큼 솔직한 사람이었다.

그는 수업에서 유독 언덕처럼 생긴 그래프, 이른바 '인버스 유커브'를 자주 언급했다. 세상 모든 것은 사이클이라는 것. 모든 상품은 폭발적으로 수요가 늘어나는 순간이 있고, 아무리 좋은 것도 언젠가 꺾인다는 것. 그러곤 꼭 덧붙였다. 사람도, 사랑도, 결국엔 자기 인생도 똑같을 거라고. 염세적인 그의 말에 학생들의 얼굴이 구겨지기 시작하면, 그는 씨익 웃으며 말했다. "하지만, 마케팅 믹스를 통해 모든 것의 수명을 연장할 수 있지요. 경쟁자가 따라잡을 수 없는 진입장벽은 거기서 시작됩니다." 그는 소름 돋을 만큼 대담한 사람이었고, 타고난 약장수 같기도 했다.

그 무렵 34-18번지 스튜디오가 그랬다. 마치 입소문 난 카페처럼 점점 많은 사람들로 북적였다. 어느 순간부터는 내 방과 피아노를 다른 사람들에게 내어주어야 했다. 이제 나는 새벽 늦은 시간에나 겨우 피아노를 칠 수 있었다. 대신 돈이 들어왔다. 공간을 시간으로 쪼개니 그대로 돈이 되었다. 그 사실을 깨닫는 순간, 나는 사업에 눈을 떠버리고 말았다. 그때부터 모든 게 달라지기 시작했다. 새로운 공간을 계약하고, 동업자를 구하고, 직원을 고용했다. 불과 일 년 만에 사업은 커졌고, 꽤 큰 권리금을 받고 두 번째 스튜디오를 넘긴 뒤, 가로수길을 마주 본 논현동으로 본진을 옮겼다.

그 사이 상도동 34-18번지는 이미 내 마음에서 멀어졌다. 마치 장거리 연애 같았다. 심드렁한 통화 중에 "근데 우리 이만 헤어지는 게 어때"라는 말만 서로 기다리는 권태로운 관계. 나는 가끔 관리인처럼 그곳에 들렀다. 주인 없는 공간은 엉망이 됐다. 거실엔 '음식물 드시고 뒤처리 잘해주세요', '정해진 사용 시간 지켜주세요' 따위의 경고 문구들이 붙었다. 떡볶이 하나 시켜 먹을 때도 옆방 문을 두드리던 사람들은 갑자기 변해버린 주인장의 심술에 지쳐 하나 둘 떠나기 시작했다. 살롱은 사라졌고, 칸막이를 사이에 두고 서로 침범할 수 없는 경계가 생겼다. 대신 경계는 효율을 불렀다. 나는 시간당 사용료를 받고, 월세를 받았다. 업자가 된 거다. 게다가 더 이상 내 피아노도 필요 없었다. 논현동 스튜디오엔 이미 10대가 넘는 피아노가 있었고, 홀 한가운데에는 커다란 그랜드 피아노가 놓여 있었으니까.

논현동 10-5번지

비좁았던 논현동 골목엔 말로 다 표현하기 힘든 독특한 에너지가 있었다. 사람들은 저마다 성공의 꿈을 안고 강남 뒷골목, 그 중에서도 가장 언덕진 곳에 자리를 잡았다. 물론 성공은 공평하게 주어지지 않았고, 계절이 바뀔 때마다 간판도 빠르게 바뀌었다. 두 달 만에 문 닫는 식당이 있는가 하면, 20년 넘게 버티는 문구점도 있었다. 업종은 달랐지만 나도 그들 중 하나였다.

사무실 계약은 처음부터 무리였다. 임대료는 버겁고, 지하철역은 멀고, 주차는 매일이 전쟁이었다. 단점은 산더미였지만, 나는 묻지도 따지지도 않고 섣불리 도장을 찍어버렸다. 그곳은 음악인들에게 성지 같은 곳이었으니까! 무려 '서태지와 아이들'이 첫 데뷔 때 사용했던 사무실이었고, 주변으로는 쟁쟁한 음악 프로듀서들의 작업실과 기획사가 줄줄이 모여 있었다. 이걸 어떻게 참나. 물론 충동적인 계약에는 혹독한 대가가 따랐다. 서류의 잉크가 마르기도 전에 중개사와 임대인은 갑으로 돌변했다. 계약서에 숨겨진 깨알 같은 조항을 내밀면서 인테리어에 훼방을 놨다. 인테리어 업자는 늑장을 부리며 추가금을 요구했고, 어떤 업자는 한술 더 떠서 눈앞에서 사기를 치고 유유히 사라져버렸다. 영업을 시작했을 땐, 이미 자본금의 절반 이상이 날아간 뒤였다. 이후에도 문제는 끊이지 않았다. 비가 새는 건 예사였고, 하수관이 터졌으며, 소방법 위반 딱지가 수시로 날아왔다. 어떤 달은 번 돈보다 세금을 더 많이 내야 했다. 쉴 새 없이 몰아치는 문제를 해결하는 데 온 에너지를 다 쏟아버렸다. 돌아보면, 애초에 내 바람은 단순했다. 내 공간에서, 맘 편히 피아노를 칠 곳 하나가 필요했을 뿐이다. 그런데 어느새 나는 피아노 대신 계약서와 세금 고지서를 붙들고 씨름을 하고 있었다.

*

논현동 골목에선 데뷔를 앞둔 '진짜 연습생'들과 자주 마주칠 수 있었다. 아주 영세한 기획사는 보컬 연습실도 없어서 우리 스튜디오를 임대해서 쓰기도 했다. 옆건물에도 기획사가 하나 있었는데, 거기도 우리처럼 지하를 임대해 쓰고 있었다. 어느 날, 그 기획사 대표님과 우연히 대화를 나누게 되었다.

"감독님 요즘 되게 바빠 보이시네요?"

"아, 그렇죠. 요즘 걸그룹 론칭해서 좀 바쁘네요."

"와, 신인 데뷔시키셨어요? 팀 이름이…?"

"여자친구입니다."

"네? 여자친구요? 갑자기요?"

난데없이 자기 여자친구를 왜 소개하는 거지? 그게 아니었다. 알고 보니 그룹명이 '여자친구'라고. '아무리 걸그룹 전성시대라지만 이름을 너무 막 짓는 게 아닌가. 이런 소형 기획사에서 신인을 내봐야 육 개월을 버티기도 힘들 텐데.' 속으로 이런 오지랖을 부려대면서 영혼 없는 파이팅을 외쳤다. 그리고 모두가 아는 엔딩. 이듬해 '여자친구'는 중소 기획사의 신화라는 신드롬을 일으키며 가요계 최정상 걸그룹 반열에 올랐다.

비슷한 이야기 하나 더. 사무실 바로 위층엔 '금홍'이라는 중국집이 있었는데, 근처 연습생들의 단골 식당이었다. 거기서 얼마 멀지 않은 제육백반집 '유정식당'도 마찬가지였다. 이곳을 드나들 때마다 유독 자주 마주치는 연습생들이 있었다. 데뷔를 한 건지, 만 건지 유독 자유분방해 보이던 보이그룹이었는데, 이들은 얼굴이 잘 알려진 유명 프로듀서와 늘 함께 다녔기에 한눈에 알아볼 수 있었다. 어느 날, 골목에 외국인들이 부쩍 많아졌길래 여기서 누굴 기다리냐고 물어보니 일본에서 온 앳된 소녀가 사진을 보여주며 '방탄소년단'이라고 말했다. 내가 자주 봤던 그 보이그룹이었다.

"방탄소년단이라니. '방시혁의 탄생'인 건가? 아니 대체 그런 이름이 어떻게 컨펌이 된 거지?"

일 년쯤 지났을 때, 나는 그 이름이 얼마나 대단한 이름이었는지를 몸소 체감하게 되었다. 방탄소년단을 론칭한 기획사는 옆 건물을 통째로 임대했고 비좁은 논현동 언덕은 성지순례를 온 전 세계 외국인들로 가득차기 시작했다. 그때 난 확실히 깨달았다. 정확히 나의 감과 반대로 하면 뭐든 성공할 거라고.

*

2015년 겨울, 논현동 골목은 저마다의 언덕을 오르기 위해 뜨겁게 달아오르고 있었다. 하지만 나는 그 언덕에서 내려올 준비를 하고 있었다. 비용을 더 이상 감당할 수 없었고, 시설은 낡았으며, 돌파구도 보이지 않았다. 마지막으로 동업자의 신상 문제까지 터지자, 이 사업이 끝났음을 직감했다.

모든 권리관계를 끝내고 내려온 자리에서 가장 먼저 나를 맞이한 건 다시 '피아노'였다. 실업자가 되자마자 연습실 구석에 처박혀 있던 피아노를 집으로 들였다. 낯선 이들의 손에 시달리며 제멋대로 두드려지던 나의 첫 그랜드 피아노였다. 누렇게 얼룩진 건반과 녹슨 줄, 그리고 핀 사이로 수북이 쌓인 먼지가 지나간 시간을 말해주었다. 나는 건반을 닦고 먼지를 털고 조율을 했다. 그 과정을 두세 번은 반복하고 나서야 피아노는 조금씩 본래의 소리를 되찾기 시작했다. 그 울림 속에는 내가 피아노와 떨어져 있던 시간들이 켜켜이 담겨 있었다. 얼마나 많은 이들의 사연을 들어왔던 걸까. 그동안 이 피아노를 건너간 수많은 손끝의 소리들이 층층이 쌓여 울림통은 이전보다 더 깊어진 듯했다.

피아노를 피해 도망쳤던 나는 결국 막다른 곳에서 다시 피아노와 마주했다. 그 시절 나는 흑백의 건반을 떠나 다른 의미를 찾겠다고 호기를 부려댔지만 그 마음 깊은 곳엔 사실 '최고가 될 수 없다면 차라리 그만두는 게 낫다'는 비겁한 흑백논리가 있었다. 그 마음을 들킬까봐, 피아노를 다시 마주하는 게 두려웠다. 모자라고, 어딘가 실패했다는 마음을 비춰낼까봐. 결국 피아노 앞에 앉는 것은 나 자신과 마주하는 일이었다. 그러니 언덕을 내려온 곳에서 다시 피아노에게 손을 내미는 건 사실 큰 용기였다. 이 모든 것을 삶으로 받아들이겠다는 결심. 최고가 아니어도 있는 그대로 살아보겠다는, 그 끝에서 가장 솔직한 나를 만나겠다는 다짐이었으니까.

*

누가 봐도 실패의 경험이지만, 이 순간을 떠올릴 때면 오히려 눈이 반짝거린다. 나는 늘 뒤를 돌아보는 성격임에도, 유독 이 사건에 대해서는 후회도, 아쉬움도 없다. 논현동 10-5번지에서 보낸 4년 동안, 그곳이 아니었다면 결코 만나지 못했을 수많은 사람들을 만났다. 각자의 방식으로 거친 세상을 견뎌내는 이웃들의 얼굴도 보았고, 술수와 속임수가 난무하는 뒷골목의 어두운 그림자도 함께 보았다. 그 시간이 없었다면 나는 언젠가 한 번은 크게 길을 잃었을 것이다. 그 짧고도 혹독한 연습 덕분에 앞으로의 시간을 더 단단하게 버틸 수 있었다.

나는 오래된 악기만 낼 수 있는 소리가 있다고 믿는다. 낯선 손길에 수없이 흔들린 악기만이 품을 수 있는 울림이 있다. 휘청이는 파도를 겪어야만 이해되는 선율이 있다. 때로는 먼 길을 돌아가야만 만날 수 있는 것들이 있다. 설령 돌아온 자리가 다시 출발선일지라도 그곳은 더 이상 예전의 장소가 아니다. 이야기 속 주인공이 여행을 통해 성장하고 다시 제자리로 돌아오듯, 나 역시 피아노로부터 벗어난 순간부터 이미 피아노를 향한 여정을 시작했는지도 모른다.

신사동 골목을 떠나온 뒤, 단골식당이던 유정식당은 전 세계 BTS 팬들의 성지가 되는 영광을 누렸다. "내년까지만 하고 그만둘 거야"라는 멘트를 입에 달고 살던 윗집 금홍 사장님은 드디어 자신과의 약속을 지켰으며, 옆집이던 소스뮤직은 여자친구 덕분에 대형 레이블과 한 식구가 되었다. 누군가에게는 역사의 시작이었고, 누군가에게는 되돌림과 교훈의 시간이었던 논현동의 언덕. 그 가파른 언덕에 내 인생 한켠을 비추던 빛과 어둠, 성공과 좌절을 모두 남겨두고 왔다. 그래서일까. 가끔 그 언덕이 그리울 때가 있다.

철물점 아저씨

IT회사에 다니는 친구와 이야기를 나눈 적이 있다. 원래 여의도에 있는 회사에 다녔는데 헤드헌터에게 제안이 와서 최근 판교에 있는 다른 회사로 이직을 했다. 그는 원래 엔지니어였지만, 프로젝트 기획과 관리도 잘하는 친구였다. 조직을 두루 살필 수 있는 그의 역량을 높이 평가한 것이다. 새 회사에서는 여러 부서를 연결하는 중간관리자로 일하게 되었는데, 정작 본인은 걱정이 많았다. 개발도 할 줄 알고, 기획이나 관리 업무도 어느 정도 하지만, 특정 영역에서 '탁월하다'고 자신 있게 말할 수 없다는 것이다. 그러다 보니 신입 개발자들의 기술력과, 베테랑 관리자들의 노련함 사이에서 자신은 종종 이도 저도 아닌 사람이 되어버리는 느낌이 들 때가 많다고 했다.

그의 말인즉슨, 직업의 세계에선 나이가 들수록 '자기만의 날카롭고 강한 칼날'이 있어야 한다는 거다. 자신은 여러 무기를 가지고 있고, 대부분의 일을 중간 이상은 해낼 수 있지만, 정작 그 어떤 무기도 결정적으로 날카롭진 않다고 했다. 예전엔 이것 저것 다 할 수 있다는 게 장점이었지만, 오히려 프로의 세계에 선 다재다능함이 '애매함'이 될 때가 많다고 했다.

나는 그의 말에 깊이 공감했다. 그 고민은 곧 내 고민이기도 하니까. 나 역시 많은 음악가들처럼 여러 일을 병행한다. 강의를 하고, 반주를 하고, 앙상블을 연주하고, 곡을 쓰고, 글을 쓰고, 해설도 한다. 피아노만 잘 쳤다면 그 분야의 스페셜리스트가 되었겠지만, 타고난 제너럴리스트인 나는 흩어진 재능들을 하나로 엮어 '음악가'라는 정체성을 겨우 유지해 온 셈이다. 너무 많은 걸 하다 보니 "재능이 많으면 굶는다"는 말도 종종 들었다. 여러 분야에서 중간 이상을 하다 보면 하나의 뚜렷한 일을 선택하기가 어렵고, 자칫 어영부영하다가는 의미 있는 기회를 놓쳐버리게 될 수도 있다. 이거 아니면 저거여도 된다는 마음으로 제2, 제3의 재능을 붙잡는 사이, 써보지도 못한 원래의 재능이 녹슬어버리면 얼마나 속상할까.

그럼에도 그날 우리의 결론은 이랬다. 누군가는 본래 여러 가지 일을 하도록 태어났다는 사실을 인정해야 한다는 것. 세상에는 하나의 일을 깊이 파고드는 사람이 있는가 하면, 얇지만 넓은 지식을 연결하며 마치 구슬을 꿰듯 흐름을 이어가는 사람도 있다. 이를테면 여러 역할을 수행하는 게임 속 NPC 같은 것이 아닐까. 롤플레잉 게임에서는 스토리를 진행하면서 상인이나 대장장이를 만나는데, 그들은 체력을 회복하는 물약, 강력한 검과 활, 방패와 지도 같은 퀘스트에 필요한 모든 아이템을 갖고 있다. 그들은 직접 전투에 나서진 않지만 스토리를 이어나가는 데 꼭 필요한 인물이었고, 이들 덕분에 주인공은 어려운 미션을 해결해 나갈 수 있었다.

*

나는 게임이 아닌 현실에서도 그런 사람을 알고 있다. 지금은 대부분 사라졌을, 어린 시절 동네마다 하나쯤 있던 철물점의 주인아저씨 말이다. 그 시절의 철물점 풍경은 아직도 생생하다. 온갖 철물과 자재들로 숲을 이루는 작은 통로를 지나면 노란 장판이 깔린 평상에 앉아 TV를 보던 주인아주머니가 있었다. 늘 외근으로 바빴던 아저씨의 얼굴을 보는 날은 드물었다. 돼지코나 노끈 하나씩 팔아서 도무지 밥벌이가 될까 싶은 철물점은, 사실 동네에 필요한 모든 '기술지원 업무'를 독점하고 있었다. 알고 보면 철물점 아저씨는 가전제품을 고치는 엔지니어였고, 막힌 하수구를 뚫는 배관공이자, 두꺼비집을 수리하는 전기기술자였으며, 잠긴 문을 열어주는 열쇠수리공이었다.

그는 동네 사람들이 필요한 것들을 정확히 찾아냈다. 이사철에는 도배와 전기 공사를 했고, 봄에는 양수기 모터를 수리했으며, 여름에는 선풍기를, 겨울에는 보일러를 고쳤다. 느닷없고 귀찮은 수리들도 그의 몫이었다. 예를 들면 벽에 못을 박다 콘크리트가 바스러졌을 때, 서비스 센터에서는 부품조차 찾을 수 없는 골동품 TV를 고쳐야 할 때, 합선으로 녹아 버린 두꺼비집을 복원해야 할 때, 우리는 철물점 아저씨를 찾았다. 사람들의 필요에 따라 그때그때 다른 '부캐'가 되어 무언가를 고쳐내고 새롭게 만들어냈던 사나이. 매뉴얼에 없는 온갖 서비스를 제공했던 그는 현장에서 몸으로 겪어낸 수많은 경험을 한데 모아 상점을 열고, '철물점'이라는 간판을 무심하게 걸어둔 것이다.

형광등 하나 살 때도 인터넷 최저가를 검색하는 시대가 되었다. 생존에 능했던 철물점 아저씨도 인터넷 공간으로 업장을 옮긴지 오래다. 휴먼매직체로 디자인한 원색의 썸네일, 큼지막한 전화번호가 적힌 '블러그'를 운영하며, 매일매일 자신의 출장 일기를 성실하게 포스팅하면서. 모든 것이 거대해져서 도무지 비집고 들어갈 틈이 없어 보이는 세상에서도, 그는 누군가의 필요를 읽어내고 정확히 그 틈새에서 나타난다. 더 이상 좁은 철물점에 얽매이지 않고 동네와 전국구를 파도타듯 넘나드는 자유인의 모습으로.

그러니 여러 개의 고만고만한 재능을 가진 나와 친구는 어쩌면 그런 사람이었는지도 모른다. 이제 나는 내 정체성과 직업군을 '철물점 아저씨'라 칭하고, 가진 무기의 길이와 날카로움은 더 이상 따지지 않기로 했다. 바람이 있다면 하나다. 재능의 무뎌짐을 걱정하기보단, 나의 시선이 누군가의 필요에 머물기를. 그리고 믿어본다. 세상은 여전히 크고 복잡하지만, 거대한 존재가 해결할 수 없는 작은 틈새는 여전히 남아 있을 것이라고.

송곳을 찾아서

언젠가 상담하던 학생이 대뜸 이렇게 말했다.

"선생님처럼 살고 싶어요."

정말 '나처럼' 살고 싶다는 말이 아닐 텐데. 그보다는 '여러 가지 일을 하면서' 살고 싶다는 뜻이겠지.

"이렇게 사는 거 진짜 힘들어."

부드럽지만 조금 힘을 주면서, 진심과 경고를 담아 답변을 건넨다. (꼰대력을 발휘해) 약간의 설명을 더 얹어주고 싶지만 말한다 한들 크게 생각이 바뀌진 않을 것 같다. 살아가면서 겪어낼 몫이 분명히 있을 테고, 알아서 단단하게 살아갈 것 같으니 더 이상의 참견은 관두기로 했다.

'음악공연기획', '예술경영', '음악경영', '공연기획'까지. 아무리 살펴봐도 비슷해 보이는 과목들을 여러 대학에서 가르치고 있다. 뚜렷한 미래도 없이 가방끈만 길어지는 박사과정 학생을 불쌍히 여긴 모교 교수님의 권유로 첫 강의를 시작하게 되었다. 박사과정 시절, 나는 '음악 전공자들의 진로 장벽'을 연구하고 있었다. 난데없이 진로 장벽이라니. 사회과학도 음악학도 아닌, 교육학에서 파생된 '진로교육학' 정도가 가까운 사촌정도 되시겠다. 그렇다고 막상 그 분야 전문가를 찾아가면 '난 너 같은 친척 둔 적이 없는데?'라는 말을 듣게 될, 좋게 말하면 융합학문이고 나쁘게 말하면 족보 없는 학문이었다. 산학연계의 가능성이 보이거나 대단한 철학적 고찰이 있는 것도 아니며, 이 분야 전공자를 공채로 뽑을 일도 없을 테니 나는 졸업과 동시에 실업자가 될 운명이었다. 그런데 졸업도 하기 전에 갑자기 강의 자리가 생겼다. 내 생애 처음으로 맞이하는 공식적인 일자리. 뒤죽박죽인 나의 전공이 오히려 장점이 되는 절묘한 강의였다.

*

조금 뜬금없지만, 박사과정을 시작한 데엔 나름의 사정이 있었다. 공부는 생계이던 시절, 논문을 쓰면 학비가 면제되었고, 조교 일을 하면 월급이 나왔다. 그렇게 하다 보니 어느새 박사과정까지 진학한 직업학생이 되어있었다. 오래 공부하려면 생활이 안정돼야 했고, 마침 국내에서 학위 과정을 밟은 박사들에게 파격적인 혜택을 주는 펠로우십이 생겼다. 석사 시절 학비 벌이로 썼던 논문들이 꽤 쓸모가 있었고, 나는 지원 자격을 얻을 수 있었다.

내 연구 주제를 한 줄로 요약하면 '왜 나는 배가 고픈가'였다. 정확히는 질문의 형식을 취한 분노였다. 절대로 학부 시절 소개팅 자리에서 들은 "야, 너 앞으로 진짜 배고프겠다"라는 말에 뒤끝이 남아서 그런 건 아니다. (어차피 아무 사이도 아닐 거였으면 "야, 너도"라는 말을 꼭 했어야 했다.) 그냥 재능 많은 선후배나 친구들이 스스로를 별 볼 일 없다고 믿으며 사라지는 걸 보는 게 안타까웠다. 나는 다르게 살고 싶었다. 펠로우십은 드물게 찾아온 기회였고, 일평생 수비만 하던 내 인생에 처음으로 공격적 전략이라는 걸 써보기로 했다. 이를테면 이런 식으로.

"여러분, 그거 아십니까. 순수음악을 하는 학생들이 요즘 다 손가락만 빨고 있어요. 뭐, 그게 대수냐고요? 잘 들어보세요. 요즘 음악 산업의 성장세가 무섭습니다. 아마도 십년 안에 대한민국 음악이 세계를 휘어잡을지도 몰라요. 산업이 바뀌고 있다고요. 여러분 '산업' 좋아하시잖아요? 매력적이잖아요. 그런데 정작 현장에서는 사람이 없다고 난리예요. 산업에서 가장 중요하게 뭡니까? 원천기술 아닙니까, 음악의 원천기술은 뭘

까요. 뭔가 연결되시죠? 지금 원천기술을 가진 아이들이 전부 손가락만 빨고 있다고요. 산업에 사람이 없는 게 아니라 연결이 안 된 겁니다. 교육이 안 되니까 미스매치가 생기는 거죠. 그렇다면 산업, 정책, 학교 중에서 무엇이 문제인 걸까요. 문제를 해결하려면 어디부터 무엇을, 누가, 연구해야 하는 걸까요. 사회과학의 영역일까요, 교육자의 영역일까요, 아니면 음악가의 영역일까요. 짜잔! 그래서 제가 필요할지도 모릅니다. 저는 짧은 가방끈이지만 사회과학을 배웠지요. 연구방법론? 걱정마세요. 그리고 구멍가게지만 회사도 운영하고 있어요. 그런 제가 음악의 문제를 풀어볼게요. 무슨 자격으로요? 저 사실 음악가입니다. 이거야말로 요즘 유행하는 융합 아닙니까! 아니, 저 말고 누굴 뽑으시겠냐고요."

꽤 그럴듯했다. 아구가 딱딱 맞았다. 물론 그땐 발표를 위해 정말 '그냥 해 본 소리'였지만, 정말로 케이팝의 시대는 찾아왔다. 일 년에 몇 번 쯤은 그냥 머릿속에서 아무 말이나 끄집어낼 때가 있는데, 의외로 그게 대단한 인사이트가 될 때가 있다. 이날이 딱 그런 날이었다. 문제는 이 멋진 내러티브를 실현하지 못했다는 것.

타이슨이 말했다던가. 누구나 쳐맞기 전에는 그럴싸한 계획을 갖고 있다고. 그게 나였다. 제안서를 발표하던 날, 나는 20분 동안 설명해야 할 내용을 단 5분 만에 끝내버렸다. 발표장은 어느 호텔의 그랜드 볼룸이었는데, 거대한 스크린을 보고 완전히 쫄아 버렸다. 블랙아웃이 시작됐고 당황한 나머지 내용도 없이 횡설수설하다 끝내버렸다. 심사위원들의 눈빛은 차가웠다. 그때 적막을 깨고 어느 교수님이 심드렁한 눈빛으로 질문을 했다.

"이걸 굳이 연구해야 할 이유가 있을까요?"

어차피 떨어질 거, 마음대로 떠들자는 마음으로 나는 손에 쥔 리모컨을 던져버리고, 준비된 말 대신 하고 싶은 말을 쏟아냈다. 기계처럼 서류만 연신 넘기던 심사위원들은 '쟤 뭐야'하는 표정으로 하나둘씩 고개를 들기 시작했다. 그 뒤로 다른 질문이 줄줄이 이어져 질의응답만으로 나머지 15분을 채웠다. 어쨌든 20분은 꽉 채운 셈이다.

만약 내가 합격한다면, 그건 아마도 그 교수님 때문일 거라고 생각했다. 그가 던진 "그걸 왜 해야 하죠?"라는 짧은 질문. 그 질문 덕분에 나는 으르렁하고 달려들 수 있었으니까. 거기엔 아무런 감정도 없었지만 마치 내 귀엔 '그거 해서 먹고 살 수 있겠어?'처럼 들린 게 분명하다. 비관적이지만 정곡을 찌르는 말이라, 딱히 반박은 못하겠고 괜한 자격지심에 핏대만 올리게 되는 질문. 그럼에도, 비관적인 질문의 중심엔 '그래도 희망이 있다면 말해봐'라는 무언의 기대가 있다는 걸 안다. 그것이 일종의 기계적 검수일지라도 말이다.

나는 그 순간 송곳이었다. 모두가 관심 없던 상황을 결국 뚫어냈으니까. 그건 내 논리 때문도, 자료 덕분도 아니었다. 배우다 만듯한 영어로 버벅거리며 이 연구가 세상에 꼭 필요하다고 핏대를 세우던 모습, 발표를 시원하게 말아먹었지만 그래도 할 말을 해야겠다는 무모한 용기 덕분이라 믿는다. 그러니 나를 뽑아야 할 이유가 있었다면 그건 그 시절 내 안에 머물던 진심 때문이었으리라. 어차피 밑져야 본전이니 이 친구를 한 번 믿어나 보자 싶게 만드는 그런 마음.

졸업과 동시에 백수가 될 것으로 예상했지만 기우였다. 모두 그 연구 덕분이었다. '한 학기만 하고 말겠지'했던 수업은 햇수로 10년을 채웠다. 내가 하는 일 중 유일하게 자발적으로 심박수를 높이며 몰입하는 일이 있다면, 단연코 이 강의다. 강의를 거쳐 간 아이들 중, 어떤 학생은 뮤지션이 되었고, 누군가는 스타트업의 설립자가, 누군가는 기획자가 되어 유학을 떠났다. 이 강의를 통해 꿈을 꾸게 되었다는 아이들을 만나면 그렇게 짜릿할 수가 없다.

*

인생은 때로 전혀 상관없는 사람들의 호의에 의해 방향이 바뀌기도 한다. 아무것도 보여준 게 없는 박사과정 학생을 믿어준 그 시절의 교수님께 머리 숙여 고마움을 전한다. 십 년 전 발표장 맨 끝에서 유일하게 질문을 던져준 심사위원을 기억한다. 누군가의 질문 하나가 나비효과처럼 번진다는 걸 알게 해줘서 감사하다. 그래서 나도 후배들에게 오지랖을 넓혀본다. 훑어낸 판자 위로 튀어나온 송곳 하나 있을까 하는 마음으로.

만약 오늘 누군가 나타나서 그 시절 내게 물었던 사람들처럼 "그래서 뭐 먹고 살 거냐?"라고 묻는다면. "지금요? 소고기가 먹고 싶네요"라고 대답하겠다. "돈벌이는 좀 하고 있냐?"라고 묻는다면 때는 이때다 싶어 지인 찬스를 활용해 저금리 대출을 시도해 보겠다. 아무런 감정의 동요도 없이 능청맞게. 뾰족했던 송곳은 어딘가 무뎌졌지만 나는 여전히 기다린다. 빛나는 눈동자와 날카로운 송곳을 가진 이들을. 아무 상관없는 사람처럼.

음유시인: 세로 이야기

몇 년 전 집으로 재즈 연주자 그림이 그려진 엽서가 한 장 도착했다. 발송된 곳은 뉴올리언스. 재즈의 도시 뉴올리언스에서 온 재즈 그림엽서라니! 엽서 한 귀퉁이에 절반 정도 찍힌 스탬프만 봐도 마음이 두근거린다. 발송인은 '세로'였다. 뉴올리언스로 여행을 갔는데 생각나서 엽서를 썼단다. 아, 세로는 사람 이름이고, 나의 친구다. 서울에서 자라 포항에서 학교를 다니고 진해에서 군악대 생활을 했으며 텍사스를 거쳐 시카고에 자리를 잡은 공학자. 한때는 음유시인이었으나 지금은 두 아이의 아빠가 된 사람.

대학 시절, 세로의 포항 집에는 웬만한 녹음실보다 좋은 장비가 가득했다. 나는 종종 노래를 만들고 싶을 때 포항으로 내려가서 친구와 밤새도록 창작에 몰두했고, 그렇게 만든 노래로 함

께 '유재하 음악경연대회'에 나가기도 했다. (2차에서 떨어졌지만)
기타와 트럼펫, 색소폰을 잘 다루던 세로는 음악을 좋아하는 것
만큼이나 여행을 좋아해서 가끔씩 악기를 하나 메고 어디론가
홀연히 사라지곤 했다. 한번은 이런 일도 있었다. 세로의 포항
자취방에서 며칠 머물고 있을 때, 그가 갑자기 짐을 주섬주섬
싸기 시작했다. 뭐하는 거냐 물었더니 조금 있다가 '네덜란드'
에 간다고. 동네 카페 이름도, 빵집 이름도 아닌 진짜 네덜란드
다. 나는 그가 짐을 싸는 걸 지켜봤다. 가방 하나에 카메라와 노
트북, 옷가지 몇 개, 기타 하나. 짐을 싸는 데 5분도 안 걸렸다.
비행기는커녕 공항으로 갈 버스를 타기에도 버거운 시간에 그는
집을 나섰고 결국 네덜란드로 가버렸다.

그 기억은 강렬했다. 나에게 여행이란 최소 몇 주 전부터 준
비하는 것이었다. 트렁크엔 여행지에서 사용해야 할 물건들이
빠짐없이 채워져야 하고 필요한 일정을 꼼꼼하게 프린트하고 미
리 환전도 해야 했다. 그런데 이 친구에게 여행이란 그냥 집 앞
카페에 가는 것과 비슷했다. 나는 쿨하다 못해 어이없을 지경인
그의 여행을 걱정하면서도 한편으론 동경했다. 전날까지 아무
말도 없다가 출국 직전에 여자친구에게 전화해서 '나 오늘 말레
이시아에 간다'고 통보해 버리는 대책 없는 패기마저도. 물론 돌
아와서 죽도록 맞는 건 본인 몫이었다. (그리고 둘은 부부가 되었다.)

*

잃을 게 없는 인생만 할 수 있는 여행. 세로는 떠돌이 음유시인처럼 살고 있는 게 분명했다. 게다가 그는 늘 수중에 돈이 없었다. 대학생 시절엔 핸드폰 소액결제를 해서 피자를 시켜먹기도 했고, 유학 준비로 내 자취방에서 얹혀 살던 시절엔 돈도 없는데 굳이 빚을 내서 자전거를 사주거나 컴퓨터 부품을 바꿔주기도 했다. 뭔가 고맙긴 한데 쓸데없으면서 대책 없는 친구. 설명이 좀 길다는 흠은 있었으나 그의 철학은 날카로웠고, 예술쪽에서도 다방면으로 조예가 깊었다. 이런 세로의 습성은 친구들 사이에서도 유명했던 터라 우리는 그의 이름을 보통명사 혹은 형용사처럼 취급했다. 누군가 문제가 생겼는데 대책 없이 군다거나, 지나치게 낙관적이거나, '포스트모더니즘'부터 운을 떼는 지루한 맨스플레인이 시작되거나 하는 상황에서 "너 지금 되게 세로 같아"하면 대체로 잘 어울렸다.

나는 적어도 여행과 음악에 관한 한 이 친구의 영향을 많이 받았다. 서울과 포항은 버스로 5시간 걸리는 거리였지만 우리는 자주 만났다. 심야버스를 타고 포항까지 내려가 '유재하 음악경연대회'를 준비하기도 했고, 이 친구가 서울에 올라오는 날이면 상도동 작업실에서 밤새도록 김광석 노래를 부르며 놀기도 했다. 세로는 신기한 마법을 부렸다. 그가 부르면 나는 먼 길을 마다않고 움직였다. 같이 있으면 나도 똑같이 대책이 없어졌다. 내일의 수업이나 피곤 따위를 걱정하지 않았고 어느 순간엔 나도 거추장스러운 트렁크를 버리고 배낭 하나만 짊어지고 여행하기 시작했다. 그가 하듯이 8인실 숙소에 머물렀고, 공항이나 터미널에서 잠을 자도 크게 이상하지 않았다. 마음 한구석엔 늘 미래에 대한 불안이 가득했지만, 이상하리만치 세로와 함께 있으면 모든 걱정이 사라지고 현재만 남았다. 그야말로 '세로 같은' 여행이었다.

'음유시인'의 진짜 이름을 들어본 적 있는지. 음악사 속에서 그들은 중세 유럽을 떠돌던 유랑인, '세속 음악가(Secular Musician)'라 불렸다. 교회와 상관없는 노래는 모두 세속음악으로 치부되던 시절. 노래는 오직 라틴어로만 부를 수 있었고, 화음을 얹는 일조차 불경하게 여겨졌다. 평범한 인간은 음악에 다가갈 수 없던 그때, 사람들에게 노래와 이야기를 건넨 이들이 바로 음유시인이었다. 그들은 가진 것도, 잃을 것도 없었기에 하고 싶은 노래를 눈치 보지 않고 마음껏 부를 수 있었다. 발길 닿는 곳을 떠돌며, 집을 떠나도 괜찮은 삶을 살았다. 어쩌면 우리도 그랬다. 우리는 잠시나마 음유시인이었고, 여행자의 삶을 살고 있었던 게 아닐까.

*

세로는 어느 해 미국으로 떠났다. 평생 친구를 따라 철새처럼 떠돌아다닐 거라 생각했던 나는 생각보다 빠르게 현실에 정착해버렸다. 이제는 다섯 시간을 버스 타고 달려 만날 친구도, 밤새 노래를 부르며 시간을 보낼 친구도 없다. 그럴 체력도 열정도 없다. 무엇보다 그 전에 계산기부터 두들겨 볼 게 뻔하다. 티슈처럼 뽑아 쓰던 청춘의 유효기간은 짧았고, 금세 밑바닥을 드러냈다. 대신 여행 트렁크는 점점 무거워졌다. 냄새 나는 다인실 호스텔, 허리가 접히던 싸구려 매트리스에도 설레던 나는 이제 틈만 나면 따뜻한 남쪽나라를 검색하는 사람으로 바뀌었다. 휴양지로 떠나면서 '여행을 간다'고 말하는가 하면, 호텔에 쌓인 먼지 하나에도 콜록대는 까칠한 관광객이 되어 버렸다. 점점 커진 트렁크는 걱정의 짐들로 가득 채워졌다. 미처 처리하지 못한 일에 대한 불안, 여행 중 생길 변수를 감당해야 하는 두려움 따위. 그런 것들을 트렁크에서 비워내지 못한 채, 나의 여행은 아무것도 끊어내지 못한, 여전히 일상과 연결된 '가로 같은' 여행으로 바뀌어 버렸다.

세로는 시카고에 자리를 잡았다. 아내와 함께 두 아이를 키우며, 마당과 지하실이 딸린 이층집을 샀다. 물론 30년 만기 모기지를 끼고. 그는 아마 평생 그 집에서 대출을 갚으며 살아야 할지도 모른다. 우리는 가끔 영상 통화를 한다. 나는 내 작업실에서, 그는 악기와 장난감으로 가득한 지하실에서. 통화할 때마다 나는 카드 값을 줄여야 하지 않겠냐며 재정관리에 대한 훈수를 두곤 하는데 역시나 씨알도 안 먹힌다. 빚이 저렇게 쌓이는데도, 신기하게 어떻게든 살아간다. 저렇게 놀면 내일 회사를 갈 수 있을까 싶으면서도 아슬아슬하게 출근을 한다.

　뉴올리언스에서 온 편지는 사실 미국으로 오라는 초대장이다. 예전에도 그가 텍사스에 살던 시절, 하도 오라고 졸라서 결국 티켓을 끊은 적이 있다. 세로는 늘 내가 좋아할 만한 것들로 교묘하게 유혹한다. 어떤 날은 시카고 심포니 이야기를 꺼내고, 또 어떤 날은 재즈 클럽이나 루프탑 바 사진을 올리며 나를 꼬셔댄다. 그런 메시지가 올 때마다 사실 나는 마음이 울렁거린다. 겉으론 점잖게 "당장은 일이 많아 못 간다"고 하지만, 그렇다고 아주 못갈 건 아니라는 식으로 반쯤 발을 걸쳐 놓는다. 요즘은 올라오는 사진이 적은 걸 보니 이것도 다 전략이다. 내가 먼저 안부를 물을 때까지 기다리고 있는 게 분명하다. 조만간 시카고행 티켓을 끊게 될 것 같아 어쩐지 불안하다.

　덧붙임: 세로는 이글을 쓴 이듬해 스코틀랜드 에든버러로 이사했다. 마음의 울렁증이 더 심해졌다.

가난이 문을 열 때

"아니 그러니까, 진짜 하는 일이 뭐예요?"

꽤 자주 듣는 질문이다. 어떤 사람들에겐 '음악을 한다'는 게 집에서 뜨개질을 하거나 취미로 색칠공부하는 일과 별반 다르지 않아 보이는 듯하다. (사실 나도 그렇게 생각한다.) 그러니까, 직업이 있는 사람이 즐기는 고급 취미쯤으로 여겨지는 느낌? 특히 은행 창구에선 그런 생각이 확실해진다. 대출 신청서의 직업란을 보면 '예술인'이 선택할 수 있는 칸은 없다. 주부, 무직, 기타…. 결국 고심 끝에 '기타'를 고르는 순간 질문은 매서워진다. "원천징수는 어디서 하세요?", "출근하는 곳이 있으신 거예요?", "카드는 사용하고 계시죠?", "혹시 주택은 소유하고 계세요?" 아, 당연한 질문인데 대답도 전에 이미 긁혀버렸다. 여기부터는 구구절절한 자기변호의 시간이다. 나라는 사람을 증명하기 위해 미리 준비한 서류들로 설명을 해 본다 한들 대체로 반응은 비슷하다.

"아, 프리랜서시네요. 프리랜서는 대출이 좀 힘드세요. 다만 주거래은행이시니 소액 대출은 되는데요…."

현실을 받아들이게 해 준다는 면에서 은행은 꽤 좋은 곳이다. 문을 나서서 집으로 돌아가는 길에 나는 괜히 죄 없는 창구 직원을 머릿속으로 소환해 쓸데없는 시뮬레이션을 돌려본다. 공들여 짜놓은 인생 포트폴리오를 변호라도 하듯 조목조목 따져가며.

계좌명: 정환호

종목 및 투자 비중: 콘서트피아니스트(20%), 공연기획자(20%), 교강사(비정규직, 15%), 작편곡가(15%), 악보출판업(10%), 강연저술가(10%), 팟캐스트(5%), 콘서트가이드(5%).

"빠르게 변화하는 시대에 순발력 있게 대응하는 인재 아닙니까? 딱 봐도 분산형 안전지향이지요. 계란은 한 바구니 담지 말라는 말, 아시죠? 인생을 무대 하나에 몰빵하는 고위험 성향의 예술가와는 다르죠? 최근에는 직접 몸을 움직여야 하는 무대 예술가의 비중은 줄이되 고매출 사업인 기획업의 비중을 늘렸죠. 고정급여가 없다고요? 그럴리가요.

비정규직이긴 하지만 몇 년치 강의료가 보장되어 있다고요. 게다가 저작권료와 인세가 나오는 고정적인 편곡과 작곡 매출처도 확보해 두었지요. 대부분 기관과의 거래라 3.3% 원천징수해요. 보세요. 매출 없는 순수한 연주 활동은 거의 없죠?"

난 대체 뭘 하는 사람일까. 피아니스트는 어림없고, 차라리 '음악 관련 서비스업 종사자' 정도가 좀 더 현실에 가까운 이름 아닐까.

*

내가 처음 곡을 썼던 건 2012년이었다. 음반을 내고 3개월쯤 지나 저작권협회에서 받은 첫 정산 금액은 390원. 자판기 커피 한 잔도 못 먹을 금액이었지만, 음악가의 의지를 꺾기엔 충분했다.

이 바닥엔 '치킨'이라는 은어가 있다. 저작권료를 계산하는 일종의 단위다. '1치킨'은 말 그대로 치킨 한 마리 값, 월 2만 원쯤 된다. 예능에 나오는 케이팝 작곡가들이 "중형차 한 대 값쯤은 되죠"하고 슬쩍 흘리는 단위와는 비교도 안 되는 금액이지만, 의외로 1치킨의 위엄은 대단하다. 대략 그 작곡가의 음악이 한 달에 3만 번에서 5만 번 정도 재생되어야 순수 저작권료로만 월 2만 원이 들어온다. 잠실야구장에 관객이 가득 차면 그게 대략

2만 5천 명이니까 그 많은 사람들이 한 달간 한두 번은 들어야 1치킨이 되는 셈이다.

비록 390원 받던 시절이었지만, 오히려 그때는 내 직업을 말하는 게 즐거웠다. '뮤지션' 혹은 '피아니스트'라는 말만 꺼내면 사람들은 눈을 반짝였다. 무슨 악기를 다루는지, 어떤 곡을 연주하는지, 음악가의 하루는 어떤지 묻는 사람들이 많았다. 해외에선 조금 더 환영받았다. 세관신고서에 'Musician'이라고 쓰면 검역관이 악기 연주하는 흉내를 내기도 했고 (대개는 기타였다.) 캠프나 여행에서 만난 외국 친구들과는 음악을 안주 삼아 밤새 이야기하곤 했다.

서른을 넘기고 마흔 언저리에 접어들자 사람들은 내 직업을 다른 방식으로 궁금해하기 시작했다. 취향이나 음악적 견해를 반짝이는 눈으로 물어보는 사람은 확실히 적어지고 "그기 돈이 됩니까?"라고 묻던 어느 드라마 속 회장님처럼 현실적인 질문을 던지는 사람들이 늘어났다. 이제 내러티브보다 매출과 실적이 모든 걸 말해 주는 시대로 접어든 거다. 빙빙 돌려서 물어보지만 결국은 돈 이야기다. 한 달에 몇 번 연주해서 생계가 유지될까, 쟤는 맨날 집에서 노는 것 같은데 애는 키울 수 있을까 하는 걱정들. 바쁠 때는 대체로 저런 질문을 웃으며 넘어가는 편이지만, 정말로 일이 없어서 한가해지는 시기에는 그런 오지랖이 발작 버튼을 누르기도 해서 허공에 어퍼컷만 날려댔다. 그럴 때면 괜한 자격지심으로 안 그래도 정신없는 포트폴리오에 새로운 종목들을 추가하곤 했다.

*

원래 하나였던 자존감을 여러 개로 분할 상장한 것인지, 아니면 어떻게든 삶을 떠안고 가려는 책임감 때문인지, 그도 아니면 음악과 마주하기가 두려워 주변만 맴돌았던 탓인지 알 수 없다. 어쩌면 그 모든 것 때문일 수도 있다. 이런 포트폴리오가 너무 가혹한 건 아닌가 싶다가도 어느 날은 든든한 보험처럼 느껴지기도 한다. 매일같이 갈대처럼 흔들리다가 문득 묻곤 한다. 굳이 왜 음악의 언저리에서 이 고생을 하고 있지? 그런데 막상 누군가 지금보다 훨씬 좋은 조건을 제시하며 다른 길을 내밀어도, 자리를 박차고 나갈 용기는 없다. 하여간 누가 멱살 잡고 남으라는 것도 아닌데 나는 계속 이 자리에 남아 있다. 별 수 없이, 또 자발적으로.

천재가 있으면 특별 교육시켜야 해요. 특권이 아니에요. 오히려 불쌍한 애들이지. 하나님이 인간을 만들어 세상에 내보내기 전에 쓸모를 못 찾은 놈에게 눈곱 하나 떼서 붙여주면 그 아이가 화가가 되고, 귀지 좀 후벼서 넣어주면 그 아이가 음악가가 되는 거예요. '너 세상 나가면 쓸모없다 조롱받을 테니, 내 눈곱으로 미술 해먹어라. 너 세상 나가면 이상한 놈이라고 왕따 당할 테니 내 귀지로 음악 해먹어라.' 그게 예술가예요. 예술가들은 그 재능 빼면 세상 못 살아요.

— 김지수, 『이어령의 마지막 수업』 중에서

선생의 말이 묘하게 나를 위로한다. 모자란 만큼 다른 재능으로 채워진 사람들. 그래서, 그렇게 살아야만 하는 사람들. 그러니 때로 가난이 새벽 두 시, 불쑥 문을 두드린다면 반갑게 맞아줄 수밖에 없다. 온 김에 냉장고를 탈탈 털어가도 마지막 비상식량까지 내어줘야 하는 그런 친구. 그렇다고 탈탈 털리기만 하는 건 아니다. 가난을 호의로 대접하고 나면 그가 떠난 자리에 작품 하나가 남아 있으니까. 숨이 막힐 만큼 절박할 때, 음악이 더 잘 나오고 글이 또렷해지는 건 부정할 수 없는 사실이다. 내 마음을 움직인 곡들 역시 대부분 저작권료 390원의 시절에 만든 것들이었으니까. 오래 전, 살롱을 운영했을 때 만났던, 낮에는 빵을 굽고 밤에는 그림을 그리던 작가 누나를 떠올려본다. 그녀는 사람이 빵만으로도, 그림만으로도 살 수 없다는 걸 온몸으로 증명했다.

내 복잡한 포트폴리오는 어쩌면 손오공의 분신술 같은 것일지도 모르겠다. 사실은 하나인데 적이 두려워 여러 개로 쪼갠 것은 아닐까. 작고 약한 물고기들은 포식자에게 커다랗게 보이려고 무리지어 다닌다던데, 미래의 천적들이 두려워 나는 페르소나 놀이를 해야만 했는지도.

　그래도 하나님의 귀지를 넣어 줬다잖나. 그거면 되지 않았나 싶다. 예술가로 살겠다고 멀쩡한 몸을 고통과 가학으로 내몰 필요는 없지만, 타고난 걸 애써 숨기고 멀쩡한 사람 행세를 하는 것도 고단하다. 어차피 가야 할 길이면 빵을 굽든, 떡을 팔든 돌고 돌아 끝까지 가면 되는 거다. 혹여나 새벽 2시에 가난이 문을 쿵쿵 두드린다면, 크게 심호흡 한 번 하고 맞아줘야겠지.

　"어, 왔어? 라면 먹고 갈래?"

부디 마왕이여

캐나다에 사는 외삼촌이 있다. 몇 년에 한 번씩 외할아버지 산소를 관리하러 한국에 나오는데, 그때마다 내가 마중을 나간다. 삼촌은 늘 내 근황부터 묻는다. 요즘 무슨 일을 하냐, 음악 작업은 잘하고 있냐 등등. 질문은 구체적이지만 결국 마지막은 똑같다. "야, 그게 돈이 되냐?" 곧이어 이어지는 삼촌의 일장연설.

"쌔끼야, 돈이 되는 걸 해야지, 남자는 야망이 있어야 돼. 삼촌이 맨몸으로 캐나다 가서 가게 열고 껌 팔아서 건물 샀는데 말이야…"

삼촌의 인생은 굴곡이 심하다. 해외여행이 자유화되던 1990년대 초반, 삼촌은 여행사를 운영하며 돈을 긁어모았지만, 주식 폭락으로 순식간에 빈털터리가 되었다. 강남 아파트와 자동차가

사라졌고, 말못할 가정사가 발목을 잡으면서 그는 두 아이를 데리고 캐나다로 이민을 떠났다. 남의 집에 얹혀 살던 삼촌은 악착같이 돈을 모아 변두리에 작은 가게를 냈다. 돈이 어느 정도 모이자 빚을 내 건물을 샀고, 수익이 날 때마다 각종 부동산 상품을 구입했다. 그 뒤로 토론토에는 두 번의 부동산 폭등장이 찾아왔다. 두 번째 자수성가였다.

삼촌의 인간극장은 "돈 때문에 무너졌지만, 결국 돈으로 살아났다"는 결론으로 귀결된다. 그리고 그 사이사이에는 원한, 굴욕, 복수 같은 단어들이 드라마의 조연처럼 배치된다. 해마다 현지에서 업데이트된 새로운 에피소드가 한 스푼 추가되면 삼촌의 'N회차' 모노드라마가 완성된다. 덕분에 파주까지 가는 길이 지루하진 않다.

삼촌은 자신의 드라마 대본에 '야망'이란 단어를 많이 썼는데, 그때마다 나는 어렸을 때 본 MBC 주말 연속극 〈서울의 달〉을 떠올렸다. 배우 한석규가 '홍식'이라는 제비족으로 등장했는데 그는 늘 어수룩한 발음으로 '보이즈 비~ 앰비셔쓰'라고 외쳤다. 자기는 곧 구질구질한 달동네를 떠날 거라고, 친구 '춘섭'에게 너도 야망이란 걸 가져보라 외치며 매일 밤 캬바레로 향하던 홍식은 결국 야망 때문에 허망하게 죽었다. 비록 브라운관 너머의 허구였지만 그의 죽음은 어린 내게 큰 충격이었다. 마지막 회에서 입술이 파랗게 변한 홍식을 끌어안은 영숙(채시라)이 펑펑 우는 걸 지켜보면서, 나는 야망이란 호환마마보다 무서운 거라고 어렴풋이 생각했다. 그리고 오랫동안 '야망'이란 글자에는 접근 금지 팻말이 붙었다.

삼촌의 드라마가 끝날 때쯤이면 외할아버지 산소에 도착한다. 그는 할아버지 무덤 앞에서 어린애처럼 펑펑 울고는 근처에서 제일 맛있는 냉면집으로 가자고 한다. 그리고 테이블에 앉아 5만 원짜리 서너 장을 꺼내서 기름값이라며 건네준다. 늘 하던 대로 내가 "에이, 아니에요"라고 너스레를 떨면 삼촌은 미간을 찌푸리며 "어허, 어른이 주는데 받아"라고 할 것을 알기에 언제부턴가는 몸이 자동으로 반응해 넙죽 받는다. 시청하면 돈을 입금해 주는 드라마라니! (이런 드라마라면 얼마든지 재시청할 의향이 있다.)

*

삼촌의 뻔한 이야기가 다르게 들리기 시작한 건 내가 아버지가 되고 나서였다. 이야기는 그대로인데, 내가 달라졌다. 사춘기에 접어든 두 아이를 데리고 포승줄에 묶여 난민 심사를 받던 장면, 한창 많이 먹을 나이에 아이들을 친척집에 맡기며 눈치를 보던 장면. 예전엔 그냥 흘려듣던 이야기들이 이제는 머릿속에 영상처럼 펼쳐졌다.

한국을 떠나기 전 삼촌은 두 아이를 사립학교와 예술중학교에 보내며 꽤 그럴듯한 삶을 살고 있었다. 그랬던 그가 주식 투자로 몰락했다는 소식을 들었을 때, 나는 그게 순전히 삼촌의 욕심 때문이라고 생각했다. 그러나 이제는 그 욕심이 어떤 마음에서 비롯됐는지 어렴풋이 짐작할 수 있게 되었다. 강남에서 부자가 되겠다는 야망. 그건 어쩌면 아이들에게 더 단단한 세상을 만들어주고 싶었던 마음이었을지 모른다. 타국에서 꿈꿀 수 있는 야망이란 게 고작 하루치 일당뿐이라는 걸 알게 되었을 때, 그는 매일같이 기도할 수밖에 없었을 것이다. 제발 나를 데려가더라도 아이들만큼은 살려달라고.

한국에서는 손가락 하나로도 무너뜨릴 수 있던 돈의 벽이, 타국에서는 피멍이 들도록 두드려도 꿈쩍하지 않았다. 그 시절 삼촌이 쥐고 있던 건 돈의 칼날이었다. 수틀리면 목을 베는 칼날이 되지만, 때로는 밧줄을 끊고 자유를 선사하기도 하는 것. 앞서간 삼촌의 인생은 적어도 돈에 있어서는 암묵지와 같은 가르침이었다. 나의 세상에선 그 누구도 가르쳐주지 않았던 진실. 서울로 돌아오는 자유로 길에서 나는 문득 슈베르트의 가곡 〈마왕〉을 떠올렸다.

누가 이리 늦은 밤, 바람을 가르며 달리는가?

아버지가 아이를 품에 안고 가는구나

그는 소년을 단단히 팔에 안고서

꼭 붙들고 있다, 따뜻하게 지키고 있다.

"아들아, 왜 그리 두려워하며 얼굴을 숨기느냐?"

"아버지, 저기에 마왕이 보이지 않으세요? 왕관을 쓰고, 꼬리가 달린 마왕이?"

"아들아, 그건 한 줄기 안개란다."

"사랑스러운 아이야, 나와 함께 가자구나! 정말 재밌는 놀이를 같이 하자구나. 해변에는 형형색색 꽃들이 많이 있고, 우리 어머니께선 금빛 옷도 많으시지."

"아버지, 아버지, 들리지 않으세요? 마왕이 제게 속삭이는 약속의 말이?"

"진정해라, 침착해라, 나의 아들아. 마른 잎새가 바람에 바스락거리는 거란다."

"괜찮을까, 예쁜 꼬마야, 나랑 같이 가지 않으련? 내 딸들이 너를 기다리고 있단다. 곱게 차려입고, 내 딸들은 밤마다 축제를 연단다. 흔들고 춤추고 너를 노래할 거야."

"아버지, 아버지, 보이지 않으세요? 저 음침한 곳에 서 있는 마왕의 딸들이?"

"아들아, 아들아, 내가 확실히 보고 있단다. 저건 잿빛 바랜 버드나무처럼 보이는구나."

"너를 사랑한다, 네 아름다운 모습에 흥분된다. 네가 원하지 않는다면, 힘이라도 사용하겠다!"

"아버지, 아버지, 이젠 그가 저를 붙잡아요! 마왕이 저를 아프게 해요!"

아버지는 소름이 돋아 쏜살같이 말을 몰았네,
신음하는 아이를 팔에 안고서
힘겹게 가까스로 집에 도착했건만,
품속의 아이는 죽어있었다네.

아버지는 아픈 아이를 살리려 달렸지만, 끝내 마왕의 손아귀에서 지켜내지 못했다. 돈의 욕망도 그렇다. 쉴 새 없이 달리는 말과 같아서, 멈춰도, 달려도 언제나 비극이 따라붙는다. 풀리지 않는 영원한 딜레마. 달리는 이의 뒷자리에는 언제나 이유가 있다. 가족을 위해, 혹은 신념을 위해. 모두가 제 아이를 살리는 마음으로 돈의 욕망 위에 올라탄다.

그러니 무엇을 할 수 있을까. 그저 기도할 뿐이다. 부디 돈의 마왕이여, 너무 멀지도, 가까이도 다가오지 말아달라고. 마을 어귀에 닿았을 땐, 여전히 품에 안은 아이가 따뜻하기를 바란다고.

3 ——————— 매일같이 자라는
음표들

음악이라는 항해

언젠가 가족끼리 부산에 갔을 때 아내가 광안리 앞바다에서 출발하는 요트 티켓을 예매한 적이 있었다. 잠깐 배 타고 연안이나 도는 걸 뭐하러 하냐고. 그런 마케팅에 너무 쉽게 당한다며 (속으로) 타박했던 나는 요트가 출발하자마자 지붕 위에 올라가 제일 먼저 소리를 질렀다. 선수에 올라가 타이타닉의 '잭'처럼 양손을 펼치고 사진도 찍었다. 바닷바람이 얼마나 경쾌했는지 요트가 광안대교를 찍고 돌아올 때 아내에게 "하는 일 다 때려치우고 뱃사람이 되어야겠다"며 헛소리를 하기도 했다. 고작 연안에서 600마력짜리 요트나 타면서 바닷사람이 된 것처럼 굴었지만, 그렇게 코웃음 치던 연안만 나가도 영혼이 자유로워진다는 걸 그때 알았다.

나는 해군에서 군생활을 했다. 해군에 입대한 이유는 순전히 옷이 멋있어서였다. 스트라이프 무늬의 사각형 깃이 달린 세일러복 상의에 '네커치프'라고 하는 넥타이. 잘 다려진 바지 끝단이 클래식한 옥스퍼드화의 아일릿을 따라 좌르르 흐르는 포멀한 자태. 육군이나 해군이나 전부 똑같아 보인다고 말하면 몹시 서운하다. 다른 곳과는 비교할 수 없는 멋짐이 폭발하는 마린룩이다! 그 시절 나는 어차피 가야 하는 군대라면 이왕이면 폼 나는 옷을 입는 곳으로 가고 싶었다. 물론 아무도 관심 없는 멋짐엔 대가도 따랐다. 육군에 비해 딱 2개월만큼 긴 복무기간.

그래도 후회는 없다. 해군에서만 누릴 수 있는 소소한 행복이 많았으니까. 부두에서 여러 군함을 구경할 수 있었던 것도 그 즐거움 중 하나였다. 육상 건물에서 생활하긴 했지만 병과가 군악인지라 연주를 위해 정박한 배에 오를 일이 많았다. 교가나 군가처럼 군함에도 '함가'라는 것이 있는데, 함가를 작곡하면 대개 그 배에 직접 탑승해서 연주를 했다. 어느 날엔 함상결혼식 음악을 연주하기도 했고, 외부인 초청행사가 있으면 갑판 모퉁이에서 재즈나 팝송을 연주하기도 했다.

해군에서 유명한 배들은 전부 타봤지만, 모두 정박되어 있는 배였다. 움직이는 배를 타본 건 정작 이순신함도, 당시 가장 최신식 구축함이라던 대조영함도 아니었다. 그건 바로 '물개'라는 배였다. 정확히는 '물개급상륙지원정(LCU)'이라고 불리는 150톤

짜리 상륙정. 우리는 이 배를 타고 소위 격오지라고 하는 외딴 섬들을 돌며 상륙작전을 펼쳤다. 공식 작전명은 '찾아가는 음악회'. 도서장병을 위로한다는 목적이었는데, 딱히 찾아가는 자와 맞아주는 자 모두 서로를 원하지 않는 이상한 행사였다.

행사의 취지가 뭐였든 간에 나는 이 배를 타는 순간을 늘 기다렸다. 땡볕의 해안가에서 상륙정에 악기와 장비를 싣다 보면 땀이 비 오듯 쏟아졌다. 그래도 출항 준비가 끝난 뒤, 정장이 경쾌한 목소리로 '출항!' 하고 외치면 가슴이 뛰었다. 1970년대에 건조된 '물개'는 지금 당장 퇴역해도 이상하지 않을 배였다. 체감으로는 건조된 지 70년은 더 되어 보였다. 오래전 노르망디 상륙작전에 현역으로 뛰었을 것 같은 배. 당장 총알이 날아오면 기꺼이 맞아줘야 할 만큼 안전장치 하나 없으며, 고속정도 아닌 주제에 잔파도까지 죄다 반영하는 통에 베테랑 간부들조차 멀미에 시달릴 정도로 악명 높았던 배였다. 그럼에도 이 상륙정에만 오르면 평소에 없던 야성미가 끓어오르면서 꼭 뱃머리에 서서 부서지는 바닷물을 온몸으로 맞곤 했다.

한참을 항해한 뒤 목적지인 격오지 부대에 배가 정박하면 우리는 기어코 환영받지 못할 상륙작전을 수행했다. 악기를 세팅하고 전기를 끌어와 연주를 시작하면 남자 성악병이 반주에 맞춰 장윤정의 〈어머나〉를 불렀다. 정말로 총알이 날아오지 않은 게 다행이었다고 생각한다.

*

바다에 대한 동경이 시작된 건 의외로 현실의 바다 때문이 아니었다. 어렸을 때 나는 컴퓨터 게임에 푹 빠져 있었는데, 일본 코에이에서 제작한 〈대항해시대 2〉라는 게임은 내게 모니터 너머로 바다를 꿈꾸게 했다. 수많은 아이들에게 미지의 바다와 대륙에 대한 꿈을 심어주었던 명작 중의 명작. 이 게임 덕분에 사회과부도 없이도 세계지도를 얼추 외울 수 있었고, 각 도시의 항구 이름과 대표 특산품까지 맞출 수 있었다. "난 항구를 떠도는 철새요", "여어! 내게 무슨 볼일이 있는 거요" 같은 선원들의 대화를 듣는 잔재미는 덤이었다.

〈대항해시대 2〉는 구성이 굉장히 탄탄했다. '항해', '무역', '전투' 세 가지 역할을 균형 있게 해내야만 게임의 엔딩을 볼 수 있었다. 물론 어린 항해자들이 가장 어려워했던 건 단연 무역이었다. 도시마다 비싸게 팔리거나 싸게 살 수 있는 상품이 달랐고, 물량에 따라 시세도 실시간으로 변했다. 경제활동을 해본 적 없는 아이들에겐 꽤 난해한 시스템이었다. (물론 그럼에도 본능적으로 돈 냄새를 잘 맡는 애들이 꼭 있었다.)

이 게임이 노스탤지어로 다가오는 가장 큰 이유는, 화면보다

음악 때문이다. 구닥다리 미디 사운드지만 지금 들어도 촌스럽지 않은 아름다움이 있다. 특히 조안 페레로의 테마곡이자 바흐 풍의 느린 미뉴에트를 닮은 〈류트를 위한 카프리스〉가 들릴 때면 마우스에서 잠시 손을 떼고 조용히 음악만 들을 때도 있었다. 칸노 요코가 작곡한 이 게임의 플레이리스트는 훗날 내가 나아갈 음악 세계에 나침반이 되어주었다.

음악은 항해만큼이나 가슴 뛰며 설레는 것이라고 알려준 그녀 덕분에 나는 음악가를 꿈꾸는 조안 페레로가 되어 나만의 항해를 시작할 수 있었다. 뱃머리가 닿는 곳마다 지도 대신 악보가 그려졌고, 수평선 너머 보물을 찾듯 새로운 멜로디를 발견했다. 때론 불어오는 바람과 하늘의 별을 의지해 영영 닿지 못할 파라다이스를 그리기도 했다.

게임 속 NPC처럼 항구를 떠도는 철새였던 나는 작은 갤리선을 얻었고, 항해를 함께할 동료들도 얻었다. 무역 능력치는 여전히 시원찮지만, 이제는 게임 속 캐릭터가 아닌 내 여정의 진짜 주인공이 되어 바다를 가른다. 언젠가 나의 멜로디가 누군가에게 바다의 꿈을 품게 해 준다면 그것으로 항해의 메인 퀘스트는 어느 정도 달성한 것이겠지.

*

광안대교를 지나 돌아오는 뱃머리에 서서 생각했다. 바다를 대하듯 나의 시간을 살아가겠다고. 나침반 하나를 가지고 동방으로 향하겠다는 콜럼버스의 무모함도, 흰 고래를 뒤쫓는 '모비 딕' 속 에이허브 선장의 광기 어린 집착도 모두 바다에서 비롯되었다. 망망대해에서 고래떼와 맞붙으며 삶의 모든 걸 던진 사람들. 목적지가 황금의 엘도라도도, 파라다이스도 아니었지만, 그들은 떠났다.

나의 항해를 여전히 꿈꿔본다. 손수 만든 배를 타고, 무엇도 거칠 것 없는 바다로 향하는 꿈을. 순풍이 부는 어느 밤, 은하수 쏟아지는 갑판에 누워 뱃머리가 가르는 바닷바람을 느껴보리라. 카프리스의 선율에 맞춰 노래를 부르면서. 비록 그게 퇴역을 앞둔 물개일지라도, 혹은 연안을 도는 작은 요트일지라도.

타석에 선 피아니스트

체육시간이 되면 우리 반 애들은 서로 약속이라도 한 듯 편을 나눠 축구를 했다. 선택지는 없었다. 체육복을 갈아입는 행위는 이미 축구에 참여하겠다는 암묵적 동의였다. 대체로 축구에서 나는 구경꾼이었는데, 축구보다 재밌는 건 싸움구경이었다. 애들은 휘슬을 불기도 전에 서로 공격수 자리를 차지하겠다고 으르렁거렸다. 공격수를 하겠다는 건 그냥 수비는 안하고 골만 넣고 싶다는 뜻인데, 이놈들은 좀처럼 하프라인 밑으로 넘어오는 법이 없었다.

경기가 시작되면 나는 주로 운동장 단상 아래 멍하니 앉아있었다. 축구는 내 관심사가 아니었다. 문제는 주전들이 지쳐서 내 순번이 오는 날도 종종 있었다는 것. 그럴 때면 어쩔 수 없이 골대 앞에 서서 수비를 맡아야 했다. 내 포지션은 주로 최후

방 센터백. 그 시절 초등축구에서 제일 못하는 애들을 세워 놓는 자리였다. '어쩌다 수비수'의 판단력은 형편없었다. 잔뜩 힘을 주고 차버린 공은 늘 엉뚱한 방향으로 날아갔다. 분명 앞으로 찼는데 어째서 우리 쪽 골대로 향하는 걸까. 게다가 상대편 공격수들은 나를 너무 쉽게 제쳤고, 내 앞까지 돌파했다는 건 이미 골을 넣은 것과 다름없었다.

그렇게 축구에서 맺힌 한을 나는 야구로 풀었다. 일단 야구는 게으른 공격수 기질을 가진 애들은 애초에 끼어들 수 없는 게임이었다. 운동장을 지나가다 "나 한 번만 쳐볼게" 같은 무책임한 말은 통하지 않았다. 타석에 서려면 내야든 외야든 반드시 어딘가에서 수비를 맡아야 했으니까. 쉴 새 없이 공을 쫓아다녀야 하는 축구와 달리, 야구에선 카운트를 세며 원하는 코스의 공을 몇 번이고 지켜볼 수 있었다. 꽥꽥 소리 지르는 애들을 신경 쓸 필요도, 애초부터 못 받을 패스로 누명을 쓸 일도 없었다. 내 앞으로 달려드는 공격수가 없을 때, 나는 날아오는 공에만 온전히 집중할 수 있었다. 나는 그런 야구의 템포를 좋아했다.

*

메이저리그 공식 사이트에서 은퇴한 선수들의 기록을 찾아보는 취미가 있다. 비록 숫자에는 약한 편이지만, 이상하게도 야구의 숫자를 보면 가슴이 뛴다. 숫자를 보는 게 실제 경기보다 더 재미있을 때도 있다. 숫자 속에 단순한 기록이 아닌, 한 사람의 인생이 보이기 때문이다.

숫자를 읽는 법은 크게 두 가지다. 첫째는, 한 인간의 사이클로 이해하며 읽는 것이다. 기록 하나하나에는 실패와 성공, 인내와 기회, 성장과 퇴장의 드라마가 고스란히 담겨 있다. 전성기를 맞은 선수의 기록은 눈으로 보기만 해도 아우라가 느껴진다. 타율과 출루율 같은 기본 지표부터 wRC+[4], WAR[5] 같은 세련된 수치까지, 모든 숫자가 반짝이며 그가 지금 최전성기라는 걸 증명한다. 하지만 완벽한 숫자도 시간이 지나면 균열이 생긴다. 스크롤을 계속 내리다 보면 반짝이던 숫자들이 어느 순간부터 흐려지고, 출전 경기는 줄며 삼진은 늘어나고, 출루율과 타율도 조금씩 낮아진다. 마침내 기록의 마지막 줄에서 더 이상 스크롤을 내릴 수 없는 빈칸을 마주한다. 마치 한 인생의 마지막 페이지 같은, 선수의 은퇴 순간이다.

두 번째 방법은 숫자의 행간을 읽는 것이다. 과거의 야구가 홈런왕과 강타자, 에이스와 같은 눈부신 스타들의 '개인적 숫자' 중심으로 돌아갔다면, 이제는 그 해석이 조금은 달라졌다. 승패

4　'Weighted Runs Created Plus'의 약자로 타자가 만든 득점 생산력을 리그 평균과 비교한 지표.

5　대체 선수 대비 승리 기여도(Wins Above Replacement).

와 상관없이 때려내는 홈런보다, 승부처에서 진루타를 때려낸 선수에게, 무사만루의 위기에서 병살을 유도한 수비수에게, 희생번트로 귀중한 역전타점을 낸 9번 타자에게 더 많은 점수를 주기 시작했다. 선수의 기록이 팀의 승리와 얼마만큼 관련이 있는지를 측정하는 WAR 같은 지표 덕분에 현대야구는 팀을 위해 헌신하는 선수에게 주목하기 시작했다.

야구의 숫자는 인생에 대입해도 꼭 들어맞는 방정식 같다. 만약 내가 야구선수라면 지금 어느 시즌쯤 와 있을까. 아직 더 올라갈 기록이 있을까, 아니면 내려가는 중일까. 내 평생의 커리어에서 WAR은 몇 점쯤일까. 팀에 보탬은 되었을까. 내가 죽더라도 번트를 대려 했을까, 아니면 굳이 방망이를 길게 잡고 끝까지 해결사를 자처했을까. 야구의 숫자는 이렇게나 묘하다. 가슴을 뛰게도 하고, 잠시 생각에 잠기게도 한다. 어쩌면 인생도 그런 숫자로 가득할지 모르겠다. 다만 그 행간을 어떻게 읽느냐가, 우리가 살아온 이야기를 결정하는 게 아닐까.

*

야구의 방정식을 거꾸로 푼 사람을 알고 있다. 리치 힐(Rich Hill). 그는 보통의 선수들이 은퇴를 준비할 무렵인, 서른다섯부터 전성기를 맞이했던 선수다. 이전까지 그는 단 한 번도 풀타임 메이저리거가 된 적이 없었다. 스물여덟 개 팀을 전전했고,

여덟 번 마이너리그로 내려갔다. 독립리그에서조차 방출된 끝에 마지막 기회를 잡은 곳이 보스턴 레드삭스의 스프링캠프였다. 구단 입장에선 한번 긁어보는 복권인 셈이지만 선수 입장에선 실낱같은 기회를 두고 벌이는 잔혹한 경쟁의 쇼케이스다. 스무 명 남짓한 대부분의 초청선수는 예상대로 시즌 전에 모두 아웃되었다. 힐은 그해의 봄을 버텨냈고, 이후 단 네 번 밖에 주어지지 않는 메이저리그의 콜업 기회를 살려냈다. 그의 재능을 알아본 '머니볼'의 주인공 빌리 빈은 그에게 정식계약을 제안했고, 힐은 마침내 생애 첫 풀타임 메이저리거가 되었다. 오클랜드에서 압도적인 성적을 낸 그는 이듬해 투수왕국이라 불리던 LA다저스로 이적하며 생애 첫 FA 계약을 맺었으며, 만 43세가 될 때까지 마운드를 지켰다.

"저는 야구를 정말로 사랑하기 때문에, 지금도 여전히 매 경기마다 나아지기를 원합니다. 정말로 저는 조금씩 더 나아지고 있습니다."

— 리치 힐의 인터뷰 중에서

캄캄한 터널에 갇혀 벽을 치며 원망해도 모자랐을 12년의 시간. 부양해야 할 가족을 바라볼 때마다 불안이 정신을 죄다 갉아먹어도 이상하지 않았을 시간. 그는 야구를 뜨겁게 사랑하면서 초연히 버텨냈다. 어제보다 더 예리해진 커브를 보면서. 오늘 더 나아졌으니 내일은 더 나아질 거라고 믿으며. 그렇게 매일을 반복하다보면 마침내 자신의 카운트가 찾아오리라는 것도.

그는 이듬해 봄, 마지막 메이저리그 계약을 거절하고 아들이 소속된 리틀야구팀 '밀튼레즈'의 코치가 되었다. 열 명 남짓한 관중 앞이든, 수만 명의 관객이 들어찬 다저스 스타디움이든, 그의 야구장은 늘 사랑하는 야구가 있는 곳일 뿐이었다.

*

어느새 봄이다. 야구의 계절이 다시 찾아 왔다. 야구는 쉴새 없이 떠들어댈 것이다. 어제의 영광도 실패도 모두 잊고 그저 날아오는 공을 바라보라고. 나는 야구를 통해 다시 인생을 배운다. 내 공이 오기 전까진 휘두르지 않겠다는 다짐을. 상대가 누구든 끝까지 나만의 타이밍을 지키겠다는 마음을. 어제의 후보가 오늘의 4번 타자가 되는 흥망성쇠의 진리를. 오늘 이겨도 내일은 질 수 있다는 겸허함을. 팬들에게 '나는 행복합니다'라고 자조 섞인 노래를 부르게 하던 한화가 어느 날 갑자기 우승후보가 되는 일도, 은퇴를 앞둔 노장 최형우가 9회말 역전 만루홈런을 쳐내는 일도 야구에선 얼마든 가능한 일이라는 걸.

그래서 나는 아직 끝나지 않은 이 경기를 포기하지 않으려한다. 기적같은 9회말의 홈런은 없을지라도, 여전히 남은 카운트를 끝까지 기다리겠다고. 그렇게 쌓인 환희와 좌절의 순간들이

야구의 역사가 되듯, 나의 시간도 그럴 것이라고 믿으며.

덧붙임: 올해는 한화가 우승합니다. 암요.

마음의 정원

　우리 집엔 '뱅갈이'라고 부르는 반려식물이 있다. 이름처럼 뱅갈고무나무다. 5년 전 이사 오면서 함께 살기 시작했는데, 처음 키우는 식물이었지만 유난히 잘 자랐다. 햇빛 조금, 물 가끔이면 족했다. 두 해쯤 지나 가지를 잘라내 다른 화분으로 옮겨 심었더니, 분갈이한 녀석이 제 어미보다 더 크게 자라기도 했다.

　그런데 세상엔 꼭 그런 식물만 있는 건 아니었다. 우연히 지나가던 꽃집에서 발견한 '칼라데아 인시그니스'. 이름은 낯설지만 눈으로 보면 "아 그거"라고 외칠만한 식물이다. 이 녀석을 키우려면 꽤 부지런한 집사가 되어야 한다. 고온다습한 환경에 직사광선은 안 되고, 물을 자주 줘야 하지만 이슬 내리듯 살살 뿌려야 하며, 수돗물 대신 정수된 물만 줘야 한다. 이렇게 예민한 티를 팍팍 내면, 귀찮아서라도 오히려 관심이 가는 걸까. 그에 비해 뱅갈이는 어딘가 씩씩한 구석이 있어서 괜히 손해를 보는 것 같다. 사람이든 식물이든, 혼자 잘 크는 존재는 아무래도 관심을 덜 받기 마련이니까.

지금이야 식물 하나도 겨우 키우고 있지만, 언젠가 나이가 더 들면 자연이 가득한 정원 있는 집에서 살아보고 싶은 마음이 있다. 여기서 '마음'이란 건, 그럴듯한 삶을 누려보고는 싶지만 귀찮은 건 하기 싫은 딱 그 정도의 마음이다. 막상 그런 집을 줄 테니 살아보라고 하면 눈만 끔뻑거릴 게 뻔하다. 정원은커녕 작은 화단 가꾸기도 버거울 테니. 씨를 대충 휙 뿌려놓고 "야, 넌 대체 언제 자라냐?" 매일 들여다보며 채근하거나, 꽃이든 잡초든 손에 잡히는 대로 뽑아버릴 것만 같다. 사람 얼굴도 잘 못 알아보는데 식물이라고 다를까. 그럼 며칠 안 돼서 화단이 휑해질 테고, 그마저도 귀찮아지면 대충 모양만 내는 인조 잔디로 싹 덮어버리진 않을까.

*

학부 시절 나의 지도 교수님은 용인 어딘가에 작은 마당이 딸린 스튜디오를 갖고 계셨는데, 나는 그곳을 자주 드나들면서 마당이 있는 집에서 어떤 일이 벌어지는지를 자주 목격하곤 했다. 인심 좋은 교수님은 사람들을 손수 초대해서 바비큐 파티를 열거나, 와인을 곁들인 하우스 콘서트를 열기도 했는데, 사람들은 그곳을 무척 좋아했다.

어느 날 레슨을 받으러 갔을 때 일이다. 마당 한켠에 전날 모임의 흔적이 남아 있었고, 교수님은 흰 목장갑을 낀 채 무언가에 열중하고 있었다. 나를 반기며 환하게 웃던 그의 손에는 뜻밖에도 커다란 낫이 들려 있었다. 평화로우면서도 어딘가 살벌한 풍경. 누군가는 보험도 든다는 피아니스트의 손에 쥐어진 낫이라니. 교수님은 그 낫으로 담쟁이넝쿨을 거침없이 베어내고, 화단의 잡초를 말끔히 솎아냈다.

우아하게 피아노를 치며 사람들을 초대하는 곳이라고 생각했던 곳은 사실 땀내나는 노동의 현장이었다. 잔이 비워지고 장작의 불씨가 꺼지면, 마당에서의 일이 본격적으로 시작된다는 걸 그전엔 몰랐다. 포대에서 퍼낸 숯가루를 들이마시며, 바닥에 널린 쓰레기를 줍고, 끝도 없이 쌓인 와인 잔을 씻어가면서. 사람들이 설거지나 청소를 도와준대도 꼭 주인 손으로 정리를 해야 끝나는 노동. 그날 나는 알았다. 누군가를 초대해 함께 머문다는 것은 멋이나 취향 그 이상의 훨씬 큰마음이 필요하다는 걸.

*

체코의 작가 카렐 차페크는 『정원에서의 열두 달』이라는 책에서 이렇게 말한다.

식물을 제대로 키워본 적이 없다면, 아름다움에 대해 쉽게 말할 자격
도 없다. …(중략)… 땅을 일구고, 갈아엎고, 토탄과 재, 낙엽을 섞은 흙
을 뿌리고, 석회를 갈아 넣고, 묘목을 심고, 옮겨 심고, 꺾꽂이를 하고,
눈에 보이지도 않는 진딧물과 흰 곰팡이를 걷어내고, 가지를 치는 일. 겨
울이면 꽝꽝 얼어붙은 땅을 캐며 그 속에서 죽어가는 뿌리를 캐내는 일.
땅 깊숙이 뿌리박아 주변 흙까지 뽑혀 나오는 잡초를 뽑는 것….

- 카렐 차페크, 「정원에서의 열두 달」 중에서

정원을 사랑한 작가도 막상 노동은 스트레스였던 걸까. 정원
좀 가꿔봤다고 해서 세상 아름다움까지 독점할 순 없지 않나 싶
다가도, 막상 나열된 일감의 목록을 보면 고개가 끄덕여진다.
곱게 핀 꽃을 다듬는 건 아주 나중의 일이고, 대부분의 일과는
딱딱한 땅과 씨름하는 것들뿐이다. 열심히 한다한들 비와 날씨
의 영향을 받을 것이고, 해 봐야 티도 안 나지만, 막상 하지 않
으면 꽃을 피울 수 없는 고된 노동.

그럼에도 그는 말한다. 이 모든 걸 감수하고, 힘든 정원일을
꾸역꾸역 하겠다면 당신은 아름다움을 정말 소중히 여기는 사람
이라고. 그러니까 힘든 것도 힘든 거지만, 굳이 '그걸 뭐하러' 하
는지가 중요했던 것이다. 일 년 열두 달을 꼬박 투자해서 잠깐
아름다움을 감상하고 마는 것. 겨울이 되면 다시 시들고, 다시

꽁꽁 언 땅을 마주할 게 뻔하지만, 그걸 알면서도 나머지 시간 동안 허리 굽혀 흙을 만지는 것. 그것이야말로 아름다움을 대하는 자세라고 작가는 말하고 싶었던 것이다.

*

음악 만드는 일도 정원을 가꾸는 것과 비슷하다. 언젠가 자연의 모습을 담은 앨범을 기획한 적이 있었는데 막상 녹음에 들어갔을 땐 자연은커녕 박자도, 소리의 톤도 제대로 맞추지 못했다. 내 음악은 잘 고른 땅이 아니었다. 대충 느낌으로 넘어갔던 리듬들이 자갈처럼 튀어 올랐고, 잘못 짜여진 화성들이 여기저기 자란 잡초처럼 거슬렸다. 쉬울 거라고 생각한 녹음은 일주일 넘게 걸렸고, 나는 매일 밤 연습실에서 '하농'이라고 불리는 기본 스케일 연습을 하는 수밖에 없었다.

그렇게 만든 앨범의 이름이 '마음의 정원'이었다. 아마 '미완의 정원'이라는 제목이 더 어울리지 않았을까 싶다. 그땐 정말로 실컷 흙먼지만 마신 기분이었으니까. 정작 피워낸 꽃은 '고작 이거야?' 싶을 정도로 어딘가 휑했으니까. 그러니 해 봐야 본전이라는 게 뭔지 너무 잘 알 것 같다. 아니, 사실 본전도 못 찾는 경우가 태반이지 않나. 그런데도 여전히 이 일을 반복하고 있다. 남이 시킨 것도 아닌데, 매일같이 자라는 음표들을 골라내고 다듬으면서.

마음도 그렇다. 지금의 마음이란 게 영원할 것 같다가도, 하루만 방치하면 온갖 이상한 것들로 생각이 채워지기 시작한다. 벌레가 꼬이고, 덤불이 자란다. 귀찮다고 그냥 방치하면 그냥저냥 굳어버리는 게 땅이든 마음이든 똑같다. 어쩌면 그래서 자꾸 마음을 들춰내고, 말이든 음악이든 뭔가를 품어보려고 애를 쓰나보다. 그렇게 뒤집어 엎다보면 적어도 딱딱해지지는 않을 테니까.

그렇게 생각하고 나니 언제부턴가 이 앨범이 좋아졌다. '마음의 정원'이라니. 마감에 쫓기듯 정한 제목이 이보다 더 잘 어울릴 수가 없다. 머리가 복잡한 날이면 나도 가끔 이 정원으로 들어간다. 처음엔 휑하다고 느꼈던 풍경이 이제는 눈을 시원하게 해 준다. 솎아내지 않은 풀들이 뒤섞이고 묘하게 거칠고 삐걱대는 게 나름의 매력도 있다. 게다가 여긴 벌레도, 찌르는 가시도 없고, 겨울이라고 춥지도 않다. 한 바퀴 도는 데 드는 값은 약 3원. 손익분기점을 넘기게 되면 정원을 조금 더 넓혀볼 계획도 있다. 내 미완의 정원으로 당신을 초대한다. 어서들 오시라!

건반 위의 산책

　　언젠가 꼭 해 보고 싶은 여행이 있다. 서울에서 부산까지 고속도로가 아닌 국도로 떠나보는 거다. 이른바 무목적 여행. 미사리에서 6번 국도를 타고 남한강을 따라 평창을 지나 강릉으로, 다시 울진을 거쳐 부산에 닿는 여정이다.

　　첫날엔 두물머리에 들러 연잎 핫도그를 먹고, 평창에서는 막국수를, 저녁쯤 도착할 강릉에서는 슴슴한 순두부를 먹는다. 바다가 보이는 숙소에서 하루를 보내고, 새벽엔 7번 국도를 타고 다시 남쪽으로. 하늘에는 아직 달이 떠 있고, 수평선이 무지갯빛으로 물들어가는 동해의 일출을 본다. 해안도로를 따라가다 마음에 드는 풍경이 있으면 차를 세우고 사진도 찍고 커피도 마시면서. 그렇게 천천히 가다 보면 어느새 광안리 앞바다가 보인다.

다섯 시간이면 갈 거리를 이틀이나 들여 둘러가는 여행. 정해진 목적지나 숙소도, 누구의 재촉도 없어야 가능한 여행. 맛집도 명소도 건너뛰고, 발길 닿는 대로 향하는 진짜 여행. 이런 여유를 마지막으로 누려본 게 언제였더라.

*

피아노 앞에 앉아서 새로운 곡을 익히다 보면 빼곡하게 쌓인 악보를 세느라 머리가 어지러워질 때가 있다. 대체 작곡가들은 어쩌자고 이렇게 많은 음표를 악보에 그려 넣었을까. 음표들도 좀 쉬어야 하지 않나. 그럴 때면 조금 편안해질 요량으로 조용히 드뷔시나 사티의 악보를 꺼내보곤 한다. 혹은 내가 사랑하는 그리그의 협주곡 2악장도 괜찮다. 음표와 음표의 간격이 넓고, 템포가 조금은 느린 곡들이다. 건반에 손을 얹고 '역시, 쉴 땐 안단테지'하며 편하게 연주를 시작하지만, 이상하게 칠수록 어려워진다. 어라, 음표도 몇 개 없는데 이게 힘들 일이야? 조금 쉬어보자고 시작한 건데, 오히려 신경이 더 곤두선다. 음표가 많아도, 적어도 음악의 세계에선 만만한 게 하나도 없다.

대학에서 소나타를 처음 배우던 시절, 선배들은 2악장이 최고 어렵다고 겁을 줬다. 주로 안단테(Andante)라는 템포 지시가 붙어 있는 느린 악장이다. 나와 친구들은 인생에서 손가락이 가장 잘 돌아간다는 입시를 불과 몇 개월 전에 치렀다. 깨알 같은 음표들이 해변의 모래처럼 많아도 몇 번 보면 스르륵 쳐낼 만큼 자신감이 있었다. 입시 지옥에서 살아남은 손가락에는 시퍼렇게 날이 서있는데 음표도 몇 개 없는 안단테쯤이야 우습지. 그런데 정말로 우리는 모두 2악장에서 보란 듯이 고배를 마셨다. 1악장을 배울 땐 레슨 한 번에 곡을 충분히 완주할 수 있었는데, 2악장에서는 한 시간의 레슨 동안 단 두 마디도 넘어가지 못하는 날이 흔했다. 그 시절 교수님의 레슨을 요약해 보면 아마도 이런 내용이었을 거다.

모든 음들이 연결되도록 깊게 호흡하고, 건반을 삼켜버릴 듯 독기 가득한 손끝의 힘도 툭툭 털어낼 것. 그런 다음, 너무 가볍지도 무겁지도 않게 건반을 누르는데, 이때 해머가 줄에 닿는 순간의 속도가 중요하다. '땅' 하고 치는 게 아니라 부드러운 벨벳을 쓰다듬듯이 따뜻하고 사랑스럽게. 그런 음들을 서로 연결해서 마치 커다란 날개를 가진 새들이 서쪽 노을을 향해 천천히 날아가는 모양으로 연주할 것. 양털 해머가 차가운 금속 줄 위를 사뿐히 걸터앉는다는 느낌으로. 느리지만 그 순간의 호흡을 충분히 누리면서, 다가올 음이 두려워 급하게 튀어 나가거나 지나간 음에 집착하지 않고, 순간의 건반과 소리에 집중하는 '현재적 상태'를 유지하면서….

빠른 패시지, 큰 소리, 화려한 테크닉에 찌들어 있던 K-음대

생들에겐 마치 선문답 같은 명상의 시간. 도무지 좀이 쑤셔 견딜 수 없었던 우리는 달리던 관성을 이기지 못하고 덜컥거렸다. 영화음악으로 치자면, 스크린은 적막한 설원의 평화로운 눈밭을 그려내는데 음악은 F-1 레이싱 영화에나 어울릴 법한 긴박한 템포로 엇박자를 내는 식이다. 그럴 때마다 벼락같이 떨어지는 교수님의 불호령.

"달리지 마!"

원래 느린 악장에 자주 붙는 '안단테'에는 '걷다'라는 뜻이 있다. 사람마다 발 크기도 다르고 보폭도 다르니, 정확히 어느 정도 속도냐고 묻는 건 큰 의미가 없다. 그저 이렇게 생각하면 편하다. 멈추지 않고 계속 나아가되, 뛰지 않는 것. 그 동작을 가장 잘 설명하는 단어는 아마 '산책'일 거다. 산책은 한자어지만 들으면 어쩐지 기분이 맑아진다. 생각만 해도 선선한 바람이 부는 것 같다. 머리에 쓸데없는 것들이 가득 차서 답답할 때 산책은 의외로 금방 듣는 약이 된다. 걷다 보면 잡생각이 사라지고 진짜 중요한 것만 남는다. 한쪽으로 쏠려 있던 마음의 추가 천천히 균형을 찾기도 한다. 그저 집을 나가 걸었을 뿐인데, 돌아올 땐 다른 마음이 되어 있는 것, 그게 산책이다.

지금이야 뛰라고 해도 어슬렁거리며 걸을 테지만, 나의 그 시절 기본값은 달리는 거였다. 일단 우리는 모두 신나 있었다. 이제 막 인생의 첫 악장을 시작하며 모든 것이 새로웠고 앞으로 재밌는 일들만 있을 거니까. 목표를 위해 열심히 달려온 아이들. 그러니 2악장이 말하는 '여유' 혹은 '현재' 같은 개념을 아무리 어깨너머 흉내내본다 한들, 그 시절의 싱그러움을 도무지 숨길 수 없었을 거다.

*

음악은 생각보다 긴 여정이다. 빠르게 달려야 할 때도 있고, 잠깐 멈춰야 할 때도 있다. 열심히 달려들 때도 필요하고, 지칠 땐 잠시 숨을 고르는 시간도 필요하다. 누구는 달리는 게 어렵고, 누구는 쉬는 게 어렵다. 처음부터 모든 걸 잘하는 사람도 있고, 시간이 걸려 깨닫는 사람도 있다. 저마다의 서로 다른 시간과 템포가 모여 음악의 리듬을 만든다. 그러니 뛰어야 할 때 뛰고, 걸어야 할 때 걷는 사람은 얼마나 현명한가. 혹은 그 반대로 해내는 사람은 얼마나 음악적인가.

얼마 전, 아주 오랜만에 조성진의 쇼팽 협주곡 2악장을 들었다. 반드시 무엇이 '되어야만' 하는 콩쿠르의 압박 속에서, 역설적으로 '무엇이 되지 않아도 되는' 2악장을 연주하다니. 이게 천재가 아니고 뭐람.

철들지 마세요

나는 배웅하는 사람이었다. 친구들은 때가 되자 하나둘씩 유학을 떠났다. K는 어스틴으로, Y와 L과 N은 칼리지스테이션으로, S는 파리로, J는 암스테르담으로 떠났다. 친구들이 모두 떠났지만 나는 정착을 택했다. 먼 훗날 그들이 한국에 돌아오면 나는 작은 살롱 정도는 가지고 있지 않을까 생각했다. 거기서 친구들과 마음껏 원하는 음악을 할 수 있을 거라는 기대와 함께. 하지만 세상은 호락호락하지 않았다. 순수한 마음은 오직 음악 안에서만 유효했다. 오랜 시간이 흘러, 타국에 정착한 몇몇을 빼고 모두 한국으로 돌아왔을 때 나는 고작 요즘 맛집이 어디인지, 유행하는 게 뭔지, 이런 시시콜콜한 것들을 알려줄 수 있을 뿐이었으니까.

한국에 돌아온 친구들과 가끔 유학 생활에 대해 이야기를 나

눌 때가 있었다. 사연을 듣다보면 한결같이 고생했다는 간증뿐
이다. 환율이 폭발한 시절 돈이 없어서 몇 킬로미터 거리를 매
일 걸어다녔다거나 냉동감자로 일주일을 때웠다는 이야기. 지도
교수와 성격이 맞지 않아 몇 번이고 짐을 싸려고 했다든가, 졸
업논문을 쓰면서 원형탈모가 오거나 만성질환이 생겼다는 이야
기. 그런데 힘들었다고 얘기하면서도 친구들의 눈빛이 묘하게
반짝거리는 게 흥미로웠다. 다녀오지 않은 나로서는 도통 알 수
없는 감정. 타지의 삶은 고되긴 해도 그 순간만큼은 영혼을 다
해 살아봐서일까? 하여간 나는 당사자의 경험에 들어가지 못한
채 막연한 추측을 해 볼 뿐이었다.

*

　이렇게 '글'과 '대화'로만 유학을 배운 내게 이따금 찾아오는
병이 있다. 그것은 바로 유학병! 늘 누군가를 환송하던 나도 사
실은 떠나고 싶었다. 함께 떠나지 못했던 미련이 바이러스처럼
마음에 잠복해 있다가 어느 순간 질병을 일으켰다. 이 병은 대
략 3년 주기로 강렬하게 찾아온다. 그럴 때면 진지하게 해외에
있는 학교를 알아보고 비행기 티켓을 뒤적이면서 현지 친구들에
게 연락을 하곤 했다. 증세는 일주일 정도 지속되었다. 그런데
이런 충동은 대체로 '무작정 떠나고 싶다'는 여행의 욕망과 잘
구분되지 않아서 잠시 가까운 곳으로 요양을 다녀오면 감기처럼
금방 치유되곤 했다.

그러다 어느 해에 꽤 심한 열병을 앓았다. 그땐 내 면역력이 아주 약해진 상태였다. 너무나 이루고 싶은 것이 있었지만 번번이 문턱에서 좌절하고 말았다. 똑같은 상황을 세 번이나 겪었을 때 나는 정말 모든 걸 내려놓고 떠나고 싶었다. 에머슨 옹은 '여행은 어리석은 자들의 낙원'이라 했지만 어리석은 자야말로 여행이 필요한 사람이다. 물론 떠난다고 해서 유토피아가 찾아오진 않는다. 하지만 떠나서 멀어져야만 비로소 깨닫게 되는 것들도 있다.

해결되지 않은 마음의 숙제를 끌어안고 있다가 한번은 친한 선생님에게 상담을 요청했다. 오랫동안 가수들의 보컬 디렉터로 일하고 있던 분이었다. 나는 대화 중에 슬쩍 유학에 대한 고민을 털어놓았다. 돌이켜보면 당시의 나는 자신의 상황을 합리화할 수 있는 수단이 필요했던 것 같다. '아직 해 보지 못한 유학'이란 꽤 적당한 변명거리였다. 실패했을 때 언제라도 청구할 수 있는 보험 같은 것이라고 할까. 나는 그저 보험금으로 자신을 위로하고 싶었는지도 모른다. 떠나야겠다는 이유나 각오는 없이, 온통 투정으로 가득차 있던 내 눈빛을 그는 이미 읽어버린 것 같았다. 그는 내게 질문 같은 답변을 던졌다.

"유학이야 원하는 마음을 따르면 되지 않을까요. 그건 자기가 하고 싶은 대로 선택하면 되요. 그것보다는 진짜 중요한 게 있는데, 절대 철들지 마요. 철드는 순간, 음악은 어려워져요."

응? 가냐 마냐를 묻는 내게 대뜸 철들지 말라는 건 무슨 의미인가. 주머니를 뒤적거리며 여러 패를 만지작거리는 나로서는 도무지 이해할 수 없는 현자 같은 대답. 철들지 말라는 그의 따뜻한 조언은 이내 단단한 문장이 되었다. 나는 맥락 없이 툭 뱉어낸 그 문장을 주워들어 먼지를 털고 주머니에 넣어두었다.

*

철은 순우리말로 계절의 변화를 뜻한다. 그 변화를 따라 맞게 살아가는 것을 '철이 든다', '철에 맞게 산다'고 말한다. 농경 시대 선조들은 24절기를 모르면 농사를 지을 수 없었다. 땅을 갈아엎어야 할지, 씨를 심어야 할지, 물을 대줘야 할지, 땅을 쉬게 해야 할지 알려 주는 지표가 24절기였다. 그래서 철부지(不知)는 계절의 변화를 모르고 살아가는 사람을 의미한다. 아직 때를 모르는 사람이라는 말이다.

철든다는 건 결국 때를 알고 그 때에 맞춰서 살아가는 것. 바꿔 말하면 모든 변화를 예측할 수 있는 정해진 순리대로 살아가는 것이 아닐까. 이렇게 생각하니 비로소 음악이 어려워진다는 의미를 알겠다. 음악은 언제나 빈틈에서 예측하지 못한 상황에서 나왔다. 늘 갈림길에서 갈팡질팡하는 시간에 모습을 드러냈다. 요동치는 감정을 감당할 수 없어 도무지 뱉어내지 않고서는 견딜 수 없는 심정으로. 누군가의 시선을 의식하거나 눈치 보지 않는 상황에서.

때가 되면 누구나 철이 든다. 유럽의 극장에서 평생 노래만 할 거야, 오페라 속 주인공처럼 포도밭 보이는 시골에 처박혀서 낭만적으로 살 거야, 장담했던 친구들은 모두 꿈에서 깨어나 한국으로 돌아왔다. 전부 인생의 절기에 맞게 철이 들어버렸고, 다들 가정을 위해 살고 있다. 농부처럼 거친 대지에서 트랙터를 몰고 어디선가 물을 끌어오면서 그렇게 산다. 철들지 말라는 경고는 시간에 관한 이야기였을까. 결국 우리 모두에게 시간이 있다는 것. 예술의 시간은 영원하지 않다는 것. 이 시간의 찬란함을 소중히 여기라는 것이었는지도 모르겠다.

언젠가 초겨울에 핀 장미를 보았다. 계절을 모른 채 혼자 피어 있어서 나를 포함해 많은 사람들이 그 장미를 신기하게 바라보았다. 꽃은 금방 시들어 죽어버릴 운명이었다. 그럼에도 사람들은 그 장미 곁을 떠나지 못하고 맴돌았다. 철모르고 핀 꽃은 그렇게 겁이 없고, 낯설고, 안쓰럽다. 그래서 아름답다.

문제는 타이밍

　내 손은 짜리몽땅하다. 피아노를 치기엔 장점과 단점이 뚜렷한 손이다. 모차르트나 베토벤처럼 고전적으로 분절된 음표와 프레이징엔 내 손이 잘 맞는다. 반면 리스트나 쇼팽 같은 낭만 시대 기교파들의 음악은 버겁다. 옥타브 도약과 연타, 미끄러지듯 이어지는 꾸밈음들 때문이다. 쇼팽은 특히 까다롭다. '피아노의 시인'이라더니 정작 그의 악보엔 여백이 없다. 오선지를 가득 메운 건 정규음표보다 더 작은 꾸밈음들이다. 그의 장식음은 대개 이렇다. 하나의 음을 치기 전, 그 앞에 32분음표 수십 개를 브리지처럼 건너야 하는 구조. 멜로디가 절정을 향해 치솟는 그 찰나에, 꼭대기에서 잠깐 멈추는 틈을 타서 삽입되거나, 멀리뛰기 선수처럼 도움닫기하듯 튀어나오기도 한다. 번지점프처럼 바닥으로 떨어졌다가 반동처럼 다시 솟구치는 음도 있다. 이 모든 꾸밈음은 박자 안에 포함되지 않은 '그림자 음표'들이다. 아무리

박자를 맞추려고 해 봐야 죽었다 깨나도 못 맞춘다. 딱 떨어지지 않더라도 짐짓 여유도 부리고, 적당히 마무리지을 줄도 아는 유연함이 있어야 잘 연주할 수 있는 음악. 결국 관건은 타이밍이다.

나는 쇼팽만큼 밀당을 잘하는 음악의 고수들을 알고 있다. 노래방 마이크를 잡은 할아버지들이다. 그들은 언제나 반주보다 한 박자 빠르거나 느리게 노래한다. 앞서거니 뒤서거니 하다가도, 어느 순간 기가 막히게 템포가 맞아떨어지며 묘한 맛을 낸다. 이렇게 음악의 시간을 자유자재로 밀고 당기는 기법을 '템포 루바토(Tempo Rubato)'라고 부른다. 말 그대로 '도둑맞은 시간'. 먼저 조금 당겨 연주하고, 뒤에서 슬며시 시간을 돌려놓는 것이다. 쇼팽은 이 기술의 대가였다. 시간의 틈을 훔치고도 티 내지 않는 도둑이었다. 악보의 박자만으로는 절대 알 수 없는, 마치 암호처럼 숨겨둔 여백 속에서 가장 아름다운 타이밍을 만들었다. 그러니 그의 작품을 연주할 때 중요한 건, 악보가 그려내지 못한 '타이밍'을 찾아내는 것이다. 만약 내가 쇼팽을 주제로 연주회를 연다면 (취향상 그럴 리는 없겠지만) 이런 제목이 어떨까 싶다.

'쇼팽, 숨겨둔 시간을 찾는 자!'

*

　한때 나는 쇼팽이 어딘가 느끼한 구석이 있다고 생각했다. 대신 직설적인 베토벤을 훨씬 더 좋아했다. 그건 내 지도 교수님 덕분이기도 하다. 교수님은 줄리어드 출신의 베토벤 스페셜리스트였고, 그의 스승은 헝가리 출신의 벨라 시키(Béla Siki)였다. 그 스승의 스승을 따라가다 보면 몇 다리 건너지 않고서도 진짜 베토벤이 등장하니, 나는 음악적으로 베토벤의 방계쯤은 되는 셈이었다.

　한번은 독일에서 온 교수에게 쇼팽 곡으로 레슨을 받았는데, 내 연주를 듣고 그는 이렇게 말했다. "쇼팽을 이렇게 베토벤처럼 연주하니 굉장히 신선하군요." 듣기 좋게 돌려 말했지만, 사실은 답답해 죽겠다는 뜻이었다. 내 연주는 너무 정직했고, 적당히 밀고 당겨야 할 음들은 눈치없이 너무 빠른 타이밍에 고백을 해 버렸다. 관능적으로 표현해야 할 구간에선 쑥맥처럼 망설였고, 밤의 무드를 내야 하는 곳에서는 훤한 대낮 같이 밝은 연주를 해버렸다. 그는 쇼팽을 잘 치려면 잘 숨기는 기술이 필요하다고 했다. 일단 숨긴 다음 나중에 꺼내야 극적이라고 했다. 그런 면에서 나는 초보 소매치기였다. 간신히 타이밍을 슬쩍했을 때도 괴도 루팡처럼 유유히 도망치지 못하고, 바들바들 떨다 건반 끝에서 붙잡혀 버렸다. 뒤이어 쏟아지는 음표들 사이로 질질 끌려다니면서.

그때 내 모습은 소설 『브람스를 좋아하세요…』의 시몽을 떠올리게 했다. 유행 지난 클래식 수트를 입고 "브람스를 좋아하세요?"라고 말하던 청년. 그 시절의 나는 뭘 해도 모범생 같다는 말을 자주 들었다. 선배들은 연습실 말고 밖에 나가서 좀 놀다 오라는 충고를 종종 하기도 했다. 빨리 능숙한 어른이 되고 싶었던 날들. 짧은 손가락보다도 더 큰 콤플렉스가 내 안에 있었다.

하지만 그런 것들은 애쓰지 않아도 시간이 알아서 해결해줬다. 때가 되니 다른 예술에 빠지면서 새로운 감각을 익혔고, 연애를 하고, 사람을 만나고, 상처를 주고받으며 사람을 배워나갔다. 사람이 싫어질 때도, 다시 좋아질 때도 있었다. 제멋에 취해 참을 수 없이 가볍게 살던 광기의 시절도 있었다. 그런 시간을 지나고 나니 지금은 적어도 루바토에선 괴도가 된 것 같다. 박자를 질질 끌기도 하고, 건반 끝에 손가락 하나 걸고 매달릴 줄도 알게 되었다. 아마 그 시절 노래방에서 마이크를 잡았던 어른들도 알았을 것이다. 조금 느려도, 조금 빨라도 인생의 박자는 결국 평균에 수렴한다는 걸.

그러니 너무 서두를 필요는 없다. 앞으로 가려는 쇼팽과, 다시 뒤로 가려는 브람스가 섞여서 '낭만주의'가 탄생했듯이, 어쩌면 낭만이란 밀고 당기는 틈에서 만들어지는 게 아닐까. 스무 살, 조금은 뻣뻣하고 모든 것에 서툴렀지만 그 시간 덕분에 지금은 조금 나사를 풀 수 있게 됐다. 잃어버렸다고 생각한 한 박자 안에는 시인의 마음이 이자까지 쳐서 돌아올 테니. 그러니 때로는 타이밍을 놓쳐도 괜찮다. 삶이 늘 그렇듯, 어디쯤에서는 비슷한 속도로 다시 만나게 되어 있다.

나는 당신을 봅니다

이 책을 쓰면서 조금은 글 보는 눈이 생겼다. 이젠 어떤 글이 좋은 글인지 대충 알겠다. 하지만 좋은 글을 쓴다는 건 또 다른 문제다. 내가 쓴 글을 보다가 잘 쓴 남의 글을 보면 감탄이 나온다. 자연스럽게 주제를 전환하고, 전혀 예상치 못한 문장으로 감동을 주는, 그런 흐름과 디테일이 너무나 멋지다. 어떻게 저렇게 표현할 수 있을까. 필사하며 흉내도 내보고, 눈을 감고 외워도 보지만 막상 쓰려면 한 글자도 쓸 수 없다. 분명 보이지만 막상 내가 가지려 하면 붙잡을 수 없다.

당연하겠지. 누구나 들을 수 있지만 아무나 연주할 수는 없는 것처럼 누구나 읽을 수 있지만 아무나 쓸 수는 없을 거다. 그런데 또 한편으로는, 내가 글을 배우지 않았으니 멋대로 쓰면서 우연히 만들어지는 것들도 분명 있을 것 같다. 나는 비슷한 것을 음악에서 먼저 겪어봤다. 두려움이나 규칙 없이 시도할 때 탄생하는, 날것의 새로움이 있다는 걸 처음 작곡을 배울 때 경험했다. 이를테면 초심자의 행운 같은 것.

글을 오랫동안 썼는데도, 여전히 처음 글을 쓰는 사람 같은 시인이 있다. 동화 속 한 장면처럼 눈 내리던 날 짧은 생을 마감한 정채봉 시인이다.

> 1월 1일 아침에 찬물로 세수하면서
> 먹은 첫마음으로 1년을 산다면
> 언제든지 늘 새 마음이기 때문에
> 바다로 향하는 냇물처럼
> 날마다 새로우며, 깊어지며, 넓어진다
>
> — 정채봉, <첫마음> 중에서

시와 삶이 하나였던 사람. 살아 있다면 꼭 한 번 만나보고 싶은 사람이다. 책을 읽다가 덮을 때는 보통 둘 중 하나다. 더 읽을 필요가 없거나, 더는 읽을 수가 없거나. 새벽의 계곡물처럼 맑게 흐르는 문장을 만나면, 시커멓게 때가 묻은 얼굴을 들킬까 두려워 잠시 책을 덮는다. "어떻게 저렇게 맑은 마음이 있을까" 시샘이 차오르다 결국 그 마음 한 구석을 닮겠노라 다짐하게 된다.

그래서 글 쓰는 게 때로 두렵다. 내 모든 것이 다 드러날 것 같아서. 애써 꽁꽁 숨겨둔다 해도 수북이 쌓아둔 활자더미 속에서 내 두려움, 결핍, 삐뚤어지고 모난 마음을 결국엔 들켜버릴 테니. 하지만 그렇게라도 진짜 내 모습을 찾아낼 수 있다면, 그 또한 나쁘지 않다고 해야 할까.

*

요즘 딸 민하에게 시계 보는 법을 알려준다. 아직은 내 눈에 보이는 시간이 아이에게는 안 보이는 것 같다. 숫자와 바늘이 일치하는 '시간'은 맞추지만, '분'은 헷갈려 한다. 5분을 1분으로, 15분을 3분이라고 말하는 식이다. 민하가 시계를 볼 줄 알게 되면 우리는 시간으로 소통하게 될 거다.

"여섯 시 삼십 분에 밥을 먹을 거야."
"아홉 시 이십 분에 자러 갈 거야."

그때부터 민하에게도 시간은 마디와 박자가 분절된 악보처럼 다가올 것이다. 물론 인간이 만들어낸 규칙일 뿐이지만, 그 세계에 진입하는 건 꽤 큰 변화다. 글을 배우는 것도 시간을 배우는 것과 닮았다. 민하는 아직 책을 스스로 읽지 못하지만, 그림을 보고 마음대로 이야기를 만든다. 누가 봐도 토끼와 거북이 이야기인데 말도 안 되는 엉뚱한 이야기를 지어낸다. 어쩌면 그것이 아이가 경험하는 '시'의 세상일지도 모른다. 아무도 알아들을 수 없는 말이지만, 분명 무언가를 정확히 말하고 있는 다른 세계의 언어. 그게 시가 아니면, 무엇이 시일까.

비슷한 이야기 하나 더. 얼마 전, 상담을 해 준 졸업생에게 작곡을 배워보라고 권한 적이 있다. 그 말을 새기고 몇 달간 공부하더니, 내게 첫 작업물을 가져왔다. 악보는 빈칸이 더 많았고, 리듬도 어색했으며, 마디의 배열도 맞지 않았다. 내 눈엔 빈칸에 들어가야 할 음표들이 한 눈에 보였다. 몇 번 흥얼거리다 말고, 시험 문제를 푸는 것처럼 몇 마디를 더 그려 넣고는 악보를 접어두었다. 채 5분이 안 걸렸다. 외국인의 문장을 자연스럽게 고쳐주는 한국인처럼 내겐 뻔하고 당연한 일이었다.

내겐 모국어처럼 편안한 것이, 누군가에게는 아직 서툴고 낯설다. 같은 걸 보더라도, 내 눈엔 보이고, 너의 눈엔 보이지 않는 것. 죽었다 깨어나도 시간과 경험이 쌓이지 않으면 절대로 보이지 않는 것. 하지만 오래 본다는 건, 어쩌면 조금씩 무뎌지는 일일지도 모른다. 반복된 시간이 몸과 마음에 굳은살처럼 박혀 어느새 '당연한 것'이 된다. 그런데 내게 당연한 것들이 누군가에겐 가장 간절한 소망일 수도 있다. 걸음마를 배우는 아이, 취업을 준비하는 청년, 아이를 바라는 부부가 그렇다. 너무 오래 들어 뻔해진 말이지만, 오늘은 어제의 누군가가 간절히 원했던 하루라는 걸 잊지 않으려 한다.

*

슈만은 클라라를 위해 어린이 정경을 썼다. "당신은 가끔 어린아이 같아요"라는 말처럼, 그 음악에는 슈만의 동심이 담겨 있다. 타국에서 고초를 겪으며 음악가가 되었고, 노인이 되어 고향으로 돌아온 호로비츠가 이 곡을 연주했을 때, 관객들은 숨죽여 흐느꼈다. 모두에게 있었지만, 모두가 잃어버린 시간을 마주했기 때문이리라.

어린아이 시절처럼, 아무것도 보이지 않던 때를 떠올려 본다. 건반의 아무 음이나 자유롭게 눌러도 그게 틀린 음인지 몰랐던 무지의 시간. 언어 없이 음악의 열차에 무임승차했던 시절. 시처럼 살았던 그때는 활자로 된 아무런 설명도 없었다. 그리고 내가 가장 많이 사랑에 빠졌던 시절이었다.

사랑이란 언어가 없어야만 가능한 감정일지도 모른다. 사랑의 언어는 누군가에게 여전히 낯설다. 아니, 사랑이란 건 애초부터 공평하지 않다. 잠시 평행을 이루는 듯해도 결국 서서히 균형이 무너지고 완전히 기울어져 버린다. 같은 걸 보고 있지만 다른 걸 보는 사람들. 들리지만 들리지 않고, 보이지만 보지 못하는 사람들. 아프리카의 코끼리는 봄에 피는 진달래의 삶을 모른다. 알래스카의 순록이 벚꽃 진 거리의 냄새를 모르듯이. 그래서 사랑은 그저 배턴을 넘겨주는 이어달리기처럼 느껴진다. 내가 본 것을 보지 못하는 사람에게 넘겨주는 것. 너의 눈엔 아직 보이지 않더라도 언젠가 보게 되리라는 믿음을 잃지 않는 것.

영화 〈아바타〉에 나온 나비족들은 사랑한다는 말을 이렇게 했다지. '나는 당신을 봅니다(I See You).' 어쩌면 사랑은, 같은 것을 함께 보는 것에서 시작될지도 모른다. 모든 게 보이는 자와 여전히 보이지 않는 자의 관계, 그래서 사랑은 때로 어렵다. 그럼에도 넘겨받은 배턴을 들고 달리는 사람은 속으로 다짐할 거다. 지금 내 눈엔 보이지 않아도 언젠가 보겠다고. 나도 함께, 너와 그곳에 있겠노라고. 그 마음을 '서로', '언제까지나' 지켜내는 것. 그것이 첫마음이다. 날마다 새로우며, 깊어지며, 넓어지는 마음.

4 ——————— 마음만은 같은
방향으로

대위법 혹은 생존법:
바흐

그의 하루는 새벽의 고요 속에서 시작된다. 촛불이 깜박이는 서재, 악보가 쌓인 책상 앞에서 그는 성 요한의 날 칸타타를 쓰고 있다. 잉크를 털고 펜촉이 종이를 긁는 소리, 낮게 들려오는 허밍만이 정적을 깬다. 그의 이름이 '시냇물'을 뜻해서일까. 펜이 닿는 곳마다 소리의 물줄기가 흐르고, 제 갈래를 따라 조용히 흘러간다.

아직 동도 트지 않았지만, 그는 라이프치히 시청으로 향한다. 그는 도시의 모든 행사에 필요한 음악을 만드는 칸토르이자 작곡가다. 오후엔 토마스슐레(Thomasschule)에서 학생들을 가르치고, 한 주 동안 써내려 간 칸타타는 매주 일요일 그의 지휘를 통해 초연된다. 오르간의 스톱을 최대로 당겨낸 장엄한 피날레가 끝나면 그의 한 주도 끝이 난다.

그는 침묵 속에서 신의 응답을 기다린다. "가라, 세상으로." 그가 향하는 곳은 천상이나 낙원이 아니었다. 다시 고요한 새벽의 서재로 향할 뿐이다. 먹고 살기 위해, 자재 창고에서 음표를 꺼내 오선지에 넣어두는 노동을 위해 그는 다시 펜을 든다.

이건 내가 상상한 바흐의 일주일이다. 그는 전기도 자동차도 없던 18세기에 100페이지가 넘는 칸타타만 200곡 이상 만들어낸 작곡가다. 평생 동안 1,000곡이 넘는 작품을 썼다. 일에 미친 사람? 혹은 극단적인 쇼트 슬리퍼? 그는 왜 그토록 쉬지 않고 일했을까.

내 추측은 이렇다. 이른 새벽, 서재 너머에서 곤히 잠들어 있던 열셋의 자녀를 생각하면 자동으로 눈이 번쩍 떠졌을 것이라고. 논리적이고 계산이 빠른 바흐였으니 아내와 본인까지 합쳐 하루 세 끼에 36인분의 식사, 아이들의 학비, 의류비까지 계산해보면 아마 등골이 서늘하지 않았을까. 어쩌면 그의 새벽은 고결한 영감의 원천이 아니라, 반강제로 일어나야만 하는 생계형 미라클 모닝이었는지도 모른다.

농담 같지만 학술적 근거도 있다. 음악학자들이 바흐의 편지에서 가장 많이 발견한 단어는 '신'도 '예술'도 아닌, '돈'이었다. "생활비가 빠듯합니다", "급료를 많이 주는 곳으로 이직을 하려

합니다", "요즘은 조금 살만 합니다" 같은 생계에 관한 문장도 여럿 발견되었다. 제 아무리 바흐라도 가장이 되면 다 똑같은 걸까. 고결한 천재일 것 같은 그도 사실은 이 도시 저 도시를 떠돌며 더 나은 돈벌이를 찾던 실전형 음악 노동자였다.

*

바흐를 곡만 잘 쓰는 예술가로 평가하면 어딘가 아쉽다. 나는 그의 작품만큼이나 그가 일을 해낸 방식도 높이 평가받아야 한다고 생각한다. 그는 확실히 요즘 사회에 어울리는 인재에 가까웠다. 흔히 말하는 '일잘러'이자 멀티태스킹이 가능한 '프로 N잡러'였던 것. 교육, 작곡, 행정까지 1인 기업가처럼 혼자 해내며 자기만의 확실한 스킬셋(대위법)까지 갖춘 스페셜리스트였다. 만약 바흐가 요즘 사람이었다면 악보집보다 자기 계발서가 더 잘 팔렸을 수도 있다. 이를테면 이런 제목들. '일잘러 바흐 따라잡기', '대위법 30일 완성: 충돌의 기술'

언젠가 바흐의 '먹고사니즘'을 파고든 적이 있었다. 아이를 키우면서 생계형 음악가의 롤모델이 절실한 시기였다. 마침 그때 수집한 바흐의 영업비밀(?)을 바탕으로, 상상 속 대화를 꾸며본다면 아마도 이런 내용이 될 것 같다.

나: 바흐 선배님, 만나 뵙게 되어 영광입니다. 요즘 저도 가장의 무게

를 조금씩 느끼고 있습니다. 저는 한 명도 버거운데 열셋이나 되는 자녀를 키우셨죠. 정말 대단합니다. 그나저나 어떻게 그렇게 많은 곡을 쓰셨나요?

바흐: 그냥 밥벌이였습니다. 집에 입이 열셋인데, 곡 안 쓰고 버티기 어려웠죠. 칸토르라는 직책에도 거창한 로망은 없었습니다. 작곡, 교육, 행정까지 전부 제 몫이었어요. 요즘 말로 하면 음악계의 워킹대디였죠.

나: 작곡하신 악보를 보니 굉장히 복잡하더군요. 대위법이라는 게 여러 성부를 층층이 쌓아내는 고도의 작곡 기술인데, 그걸 어떻게 그렇게 빠르게 작곡할 수 있었죠?

바흐: 저에겐 그게 오히려 가장 자연스러운 언어였습니다. 저는 악보를 쌓는 게 아니라, 음악 안에 이미 존재하는 질서를 '발견하는' 작업이라고 생각했어요. 대위법이라는 것도 결국 흐름입니다. 성부 하나에 집착하기보다는, 전체 조화를 먼저 그려두면 그 다음 음은 마치 물 흐르듯 따라오죠. 한 마디 한 마디를 애써 짜는 게 아니라, 이미 결정된 길을 따라가는 겁니다. 그러니 빠르게 써지는 거죠.

나: 음, 미묘한 표현이네요. 대위법에 대해 좀 더 쉽게 설명해주실 수 있으실까요?

바흐: 돌림노래 아시죠? 그게 바로 대위법입니다. 시간차를 두고 같은 멜로디를 부르는데, 이상하게 어울리죠? 가끔은 부딪히기도 하죠. 하지만 그 충돌도 다음 마디에선 꼭 화음으로 풀리도록 계산돼 있어요. 삶도 그래요. 서로 다르고, 때로는 엇갈리지만 결국 어울리는 방향으로 나아가거든요. 그래서 전 늘 믿었습니다. 불협은 일시적일 뿐, 모든 흐름은 결국 조화를 향한다는 걸요.

나: 결국 충돌을 두려워하지 않는 자세가 필요하겠군요. 사실 저는 요즘 일상이 뒤죽박죽이긴 합니다. 저도 '워라밸'을 고민하는데요. 선생님 당시엔 그런 개념도 없었을 텐데, 어떻게 복잡한 삶과 수많은 갈등 사이에서 균형을 잡으셨나요?

바흐: 균형이라…. 사실 전 그런 걸 따로 고민해 본 적은 없습니다. 시간을 쪼개서 뭘 해내기보다는, 흐름 속에 들어가 그 안에서 자연스럽게 분류하는 식이었죠. 전 복잡한 걸 싫어합니다. 그래서 악보도 단순한 구조에서 시작했어요. 대위법은 겉으론 복잡해 보이지만, 사실 그 안에는 아주 단순한 규칙이 있어요. 첫 시작을 잘 정하면, 나머지는 흘러가듯 따라옵니다. 삶도 마찬가지 아닐까요? 모든 걸 내가 통제하려 들기보다는, 한 번만 중심을 잘 잡으면 다른 것들은 그 중심을 따라 흐르도록 설계할 수 있습니다. 중요한 건 '어디에 첫 음을 두느냐', 그 한 가지 감각입니다.

나: 마지막으로 묻고 싶습니다. 음악과 생계 사이에서 무엇을 선택해

야 할까요?

바흐: 선택할 게 없습니다. 저는 둘 사이에 선을 그은 적이 없으니까요. 음악은 제 기도였지만, 동시에 저녁 식탁이었습니다. 생계는 현실이었지만, 거기서 도망치듯 예술을 찾지 않았어요. 그저 매일 아침, 악보를 그리며 하루를 시작했고, 그날의 삶은 곧 그날의 음악이 되었습니다. 누군가는 제 악보가 복잡하다고도 하지만, 그건 복잡한 삶의 모양일 뿐입니다. 굳이 나누지 마세요. 진심을 다하면, 삶은 자연히 음악이 됩니다.

*

바흐의 초상화는 하나같이 점잖고 경건하다. 마치 음악만 바라보고 살았던 수도사 같기도 하다. 만약 바흐가 지금 유튜브에서 자기 이름을 검색해 본다면 살짝 당황할 것 같다. 온통 '음악의 아버지', '바로크의 거장', '경건한 천재' 같은 찬사들로 가득하니까. 오히려 갱스터 모자와 선글라스를 씌운 합성사진이나, 힙합 리듬에 얹힌 미뉴엣을 듣고는 피식 웃었을지도 모른다. 그쪽이 오히려 진짜 자기 같다고.

물론 신을 향한 믿음은 단단했지만, 그의 삶은 성자나 수도자와는 거리가 멀었다. 기록에 따르면, 바흐는 도시의 공무원과 교직원들에게 꽤나 까다로운 인물이었다. 문제가 생기면 일단 성깔부터 부려댔다. '저 고물상에서 주워온 것 같은 악기는

언제 바꿔줄 거냐', '저 형편없는 놈은 대체 왜 뽑은 거냐'는 식
으로 버럭대며 독설을 퍼부었다. 연습을 게을리한 단원과는 수
시로 충돌했고, 심지어 결투를 하자며 칼을 뽑을 정도로 갱스터
기질이 다분했다. 바흐는 음악 앞에선 좀처럼 물러서지 않는 사
람이었다. 하지만 세상은 그의 성질머리를 지우고 숭고한 음악
만을 남겼다. 이름 앞에는 '성인'이나 '아버지' 같은 묵직한 타이
틀이 붙었고, 그는 그렇게 박물관이나 위인전에 어울릴 법한 인
물로 '리브랜딩'되었다.

바흐가 세상을 떠난 뒤, 그가 다시 세상에 불려 나오기까지는
한 세대 이상의 시간이 필요했다. 1802년 요한 니콜라우스 포르
켈(Johann Nikolaus Forkel)이 바흐에 대한 최초의 연구서인 『바흐
의 생애와 예술, 그리고 작품(Über Johann Sebastian Bachs Leben,
Kunst und Kunstwerke, 1802)』을 출간하며, 그의 이름을 공식적으
로 되살렸다. 이어 수십 년 뒤, 멘델스존이 〈마태수난곡〉을 재
연하면서 바흐의 음악은 비로소 시대를 넘어 재조명되기 시작했
다. 온라인 차트도 없던 시기에 역주행을 시작했고, 전 유럽에
바흐 열풍이 불기 시작한 것이다.

바흐가 생전에 유명하지 않았던 이유는 단순했다. 세상이 아
직 그를 최고로 인정하지 않았기 때문이다. 라이프치히에서도
그는 1순위가 아니었다. 이름을 알리는 데 능한 음악가들은 따

로 있었는데, 그 대표 주자가 헨델이었다. '음악의 어머니'라는 본인 동의 없는 별명 탓에 뭇 초등학생들에게 '여자에요?' 혹은 '바흐랑 부부였어요?' 라는 억울한 질문을 들어야만 했던 바로 그 헨델.

바흐와 헨델은 같은 해, 독일에서 태어난 동갑내기였지만 행보는 정반대였다. 헨델은 자신의 재능을 '쇼음악'에서 찾았고 그런 음악이 가장 잘 어울릴 런던으로 귀화했다. 거기서 그는 평생 미혼으로 살며, 인맥과 자금을 동원해 오페라 사업에 뛰어들었다. 실패하면 쪽박, 성공하면 대박인 하이리스크 하이리턴의 삶. 헨델은 대체로 승률이 좋았고 경제적 풍요를 누렸다.

그러니까, 바흐가 그의 삶을 부러워했을 가능성도 아주 없진 않았을 것이다. 재능이 비슷한 동갑내기는 런던에서 승승장구하고 있는데, 정작 본인은 답답한 관료와 실랑이하고 성에 차지 않는 연주자들을 가르치며 마감에 쫓기는 삶을 살았으니. 아무리 일을 해도 돈이 스쳐지나가는 통장잔고를 들여다보며 허탈함이 밀려오진 않았을까. 명곡이 나온다한들 급료를 받는 월급쟁이의 삶일 뿐인데. '나도 저 돈 되는 오페라나 만들어볼까' 하는 생각이 안 든다면 그게 더 이상하지 않나?

*

'바흐는 헨델이 부러웠을까?'

경쟁 사회에 찌든 자의 질문이란 딱 이 정도다. 비교하고, 순위를 매기고, 타이틀을 붙이기 위한 질문. 바흐가 1등이니 '아버지'가 되고, 헨델을 그냥 둘 수 없으니 '어머니'라고 붙여주자는 수준의 질문. 나는 바흐를 측은히 여겼다기보다는 그 역시 나처럼 흔들리는 인간이길 바랐는지도 모른다. 돈 앞에서 망설이고, 동료의 성공 앞에서 질투도 하는, 그런 인간 말이다.

하지만 바흐가 그런 인물이었는지 단정할 기록은 없다. 특히 그가 타인에게 인정받지 못해 괴로웠다는 기록은 어디에도 없다. 그는 질투와 열등감을 땔감 삼아 감정을 폭발시키는 낭만주의 예술가가 아니었다. 완벽주의적 성향은 있었지만, 자신의 작품을 누군가의 평가로 증명하려는 태도는 드러나지 않았다. 아마 누가 자신을 깎아내려도 별로 개의치 않았을 것이다. 악보 마지막 장마다 적어둔 'S.D.G(Soli Deo Gloria, 오직 신에게 영광을)'라는 서명이 그의 태도를 말해준다.

"내 음악을 누가 평가하죠? 신이 아니라면, 나 자신뿐이죠."

그는 남들이 뭐라 하든, 스스로 물길을 내며 노를 저어가는 사람이었다. 믿음 하나로, 확신 하나로 나아가는 사람. 그는 알고 있었을 것이다. 지금은 지류에 불과할지라도 언젠가 본류를 만나고, 시냇물은 마침내 대양으로 향한다는 것을. 바흐는 베토벤이 일으킬 새로운 예술의 격랑을 예감하며, 기꺼이 먼저 흘러간 시냇물이었다. 그 넉넉한 강줄기를 따라 후대 음악가들이 여러 물길을 냈고 나도 그 언저리에 작은 샘을 만들고 근근이 살아간다. 우주가 담겨 있다는 그의 음악 속 우주를 나는 아직 손톱만큼도 이해하지 못했고, 이름조차 모르는 작품이 태반이지만, 그 삶의 자세만은 어렴풋이 따라 배우고 있다.

나는 아직 길을 찾는 중이다. 때로는 헨델처럼 남들의 주목을 받으며 명예와 돈을 얻고 싶다가도, 바흐처럼 조용히 나만의 길을 가고 싶을 때가 있다. 수세기 전 당신들 또한 비슷한 고민을 했을 거라 생각하면서 묘한 위로를 얻는다. 비록 음악의 깊이는 다르겠지만 마음만은 같은 방향으로 흐른다. 언젠가는 나만의 속도로 닿을 수 있으리라 믿으며.

사랑은 실패하지 않는다: 베토벤

　베토벤 교향곡 5번을 실연으로 처음 들었던 날의 충격을 잊지 못한다. 연주자들은 지휘자의 손끝을 따라 물고기떼처럼 일사불란하게 움직였다. 서로 다른 악기들이 만드는 소리는 빠르게 도는 물레의 흙 반죽처럼 변덕스럽게 모양을 바꿔댔다. 불처럼 타오르다가도 시원하게 떨어지는 폭포인가 하면, 난데없이 폭풍이 몰아치는 음악. 냉탕과 온탕을 오가는 감정에 지쳐갈 즈음 느린 악장이 시작되었다. 시야가 희미해지더니, 필름이 툭 끊겼다. 음악이 감동적이어서가 아니었다. 나도 모르게 졸고 있었다. 베토벤 교향곡 5번 2악장은 내게 너무나 고급스러운 자장가였다.

　그땐 군 복무 중이었다. 무려 2박 3일의 휴가를 써서 연주회를 보러 갔지만 밤 9시면 침상에 눕는 군인에게 야간 교향곡은 거의 고문에 가까웠다. 반쯤 감긴 눈으로 듣다 호른이 "빵!" 하고 울리면 화들짝 깨고, 다시 졸다가 팀파니가 으르렁대면 다시 깨기를 반복했다. 마지막 악장이 끝난 뒤, 환호와 박수가 쏟아졌지만 인터미션이 시작되자마자 비몽사몽한 눈으로 공연장을 탈출했다.

밖은 한여름. 후덥지근한 공기가 끈적하게 달라붙는데도 이상하게 상쾌했다. 벤치에 앉아 오늘의 음악회를 곱씹다 문득 자괴감이 밀려왔다.

'아니, 말러도 아니고 슈트라우스도 아니고 베토벤이 이렇게 어려울 일이야? 전 국민이 세 소절 정도는 입으로도 흥얼거리는 베토벤의 <운명교향곡>이라고. 그래도 명색이 음대생인데 나중에 뭐가 될래?'

그날 처음 알았다. 음악의 모든 순간이 감동일 수는 없다는 걸. 하긴, 삶에서도 감동은 매 순간 일어나지 않으니. 모아둔 감정이 밖으로 표출이 되는 순간은 얼마나 짧은가. 울음이 터지는 것도, 정말로 화가 나서 괴성을 지르는 순간도 언제나 찰나였다. 그런 찰나를 위해 우리는 얼마나 긴 시간을 '빌드업'하며 쌓아야 하는가. 베토벤의 거대한 교향곡은 내게 분명히 말해주었다. 단 몇 초의 전율을 위해, 나머지 긴 서사를 묵묵히 끌고 가야 한다는 것을.

베토벤은 외로운 사람이었다. 물론, 그 외로움은 스스로 자초한 면도 있었을 것이다. 고집불통이라는 평이 괜히 붙은 건 아니니까. 하지만 모든 걸 그의 탓으로만 돌릴 수는 없다. 그의 삶에는 유독 불행의 꾸밈음이 많았다.

그의 아버지는 아들을 '영재 음악가'로 포장해 돈을 벌려 했다. 그 과정에서 폭언과 학대는 일상이었다. 유일한 버팀목이었던 어머니는 너무 일찍 세상을 떠났고, 형제도 잃었다. 성인이 된 뒤에는 아버지를 잃은 조카 '칼'을 입양했지만, 어릴 적 사랑을 배우지 못한 그가 줄 수 있었던 건 어긋난 사랑뿐이었다. 그는 칼을 최고의 음악가로 키우겠다는 의지로 비엔나에서 엘리트 음악교육을 시켰지만, 그의 사랑은 그의 음악처럼 고집스러웠다. 결국 칼은 베토벤 앞에서 스스로 머리에 총을 겨눴다. (다행히 죽지는 않았다.) 사랑에 번번이 실패했고, 돈이 넉넉하지도 않았으며, 전성기를 앞두고 청력을 잃었다. 그의 삶은 태어날 때부터 어딘가 뒤틀려 있었고, 사랑의 부재는 평생 그를 괴롭혔다.

이런 삶에서 나올 수 있는 음악은 어쩌면 절망의 노래뿐일지도 모른다. 하지만 그는 슬픔에 침잠하기보다는 무기를 챙겨 전쟁터로 나갔다. 화약처럼 뜨거운 비애를 삼키지 않고 그대로 일

발장전해 격정의 선율로 난사했다. 나보다 더 기구한 인생이 있으면 나와 보라며 으름장을 놓는 음악. 불행을 끌어안으면서도 동시에 경멸하듯 내뱉는 투쟁의 음악.

그의 기세는 스승 하이든이 애지중지 가꿔 온 '우아한 교향악'의 연회장을 순식간에 총탄이 빗발치는 전쟁터로 만들었다. 오선지 위로 거침없이 쳐들어간 그는 붉은 혁명의 깃발을 흔들었고, 그 속에서 싸우고 부딪히고, 무너지고, 다시 일어나 무모한 투쟁을 벌였다. 그 투쟁의 기록을 고스란히 담아낸 것이 베토벤의 음악이다. 한 편의 전쟁 같은 드라마.

인생이 전쟁터라면, 베토벤은 누구보다 치열한 전선에 서 있던 사람이었다. 그런 그의 음악은 고급 정장 차림으로 와인 한 잔을 기울이며 듣는 우아한 음악이 아니었다. 한 번쯤 운명의 구렁텅이에 빠져 진흙탕을 굴러본 이들, 태어날 때부터 빠져나올 수 없는 쇠사슬에 묶인 채 살아온 이들, 차라리 죽고 죽이는 전쟁이 나았을 것 같은 삶을 견뎌낸 이들에게, 비로소 그의 음악은 위로가 된다. 철조망에 찢긴 전투복을 입고 세상의 조준사격을 피해 기어가는 어느 날, 절망의 포탄이 머리 위에서 터지고, 날카로운 이명만 남았을 때, 그가 전장 너머에서 나타난다.

"내가 널 업고 가마."

그는 멱살을 잡고 두 뺨을 때리면서 소리친다. 어서 따라오라고. 나는 죽지 않았으니 너도 그럴 것이라고. 그렇게 그의 음악은 비로소 구원이 된다.

*

거장의 마지막 교향곡에서 그는 이제 더 이상 물리적으로는 들리지 않는 귀를 포기하고 새로운 소리를 받아적기로 한다. 소리는 사라졌지만 고통은 여전히 울렸다. '운명'을 외치던 그의 절규는 마지막 교향곡에서도 여전히 그를 괴롭히는 최종보스처럼 등장한다. 심연에서부터 기어오른 거대한 구렁이처럼, 다시 그의 목을 조르고 절망을 재촉한다. 하지만 이번엔 다르다. 그는 더 이상 자신만을 위해 싸우지 않는다. 어쩐지 그는 이제 자신의 운명 따위엔 관심이 없어 보인다. 그는 전장 한가운데서 화해를 선택한다. 전쟁의 사령관이 깃발을 내린다는 것. 그것은 패배가 아니라 어쩌면 용기다. 베토벤은 그렇게 평화의 깃발을 들었다. 모두를 살리기 위해 오히려 적에게 손을 내민다. 그리고 선언한다. "모든 인간은 형제가 된다." 온 인류를 향해 이 지긋지긋한 싸움을 끝내자고 제안한다.

이 협상에서 이기기 위해, 그는 먼저 자신이 세운 음악적 질서를 내려놓는다. 젊은 시절, 그는 '오직 음악만으로 말하겠다'

고 선언했었다. 음악의 세계에서는 가사도, 해설도 필요 없다고 믿었다. 그것이야말로 가장 순수한 예술이라고. 인간의 목소리는 교향곡에 끼어들 자격이 없다고 생각했다. 그러나 생의 끝자락에서, 그는 그 원칙을 깨기로 결심한다. 그는 음악의 무대 위로, 금기였던 '인간의 목소리'를 마침내 초대한다. 말 대신 음표로 말하던 교향악의 질서 속에, 오랜 시간 외면해 왔던 인간의 언어, 인간의 감정이 직접 목소리로 울려퍼지는 순간이다.

4악장이 시작되고, 합창단이 등장한다. 이제 그는 선언문을 낭독할 준비를 한다. 그러나 계약서에 도장을 찍기까지, 음악의 마지막 순간까지 망설인다. 1악장에서 3악장까지 수많은 상승과 하강을 지나왔지만, 최후의 결론 앞에서 다시 발을 멈춘다. 음악은 금방이라도 소멸할 것 같은 경계에 멈춰 선다. 호른과 목관이 조심스레 대화를 주고 받는다. 마치 갈릴리 바닷가에서 예수가 베드로에게 세 번의 질문을 건네듯, 같은 질문이 반복된다.

"이제 준비가 되었는가?"

침묵의 끝에서 확신에 찬 응답이 들려온다. 그제서야 지휘자는 동작을 바꾼다. 거세게 팔을 휘젓는 그 순간, 아무도 예상하지 못한 자리에서 '환희의 송가'가 터져 나온다. 그 목소리를 통해 베토벤이 평생 품어 온 철학이 세상에 선포된다.

"모든 인간은 형제가 되노라."

  개인의 고통과 투쟁을 넘어 인류 전체를 향한 화해의 찬가가
시작된 것이다. 마침내, 사람이 사람에게 노래를 건네는 순간.
이제 목소리는 더 이상 분노도 저항도 아닌, 하나의 약속을 향
해 나아갈 뿐이다. 베토벤이 전하고 싶었던 모든 말은 이 안에
있다.

Freude, schöner Götterfunken,

Tochter aus Elysium,

환희여, 아름다운 신들의 불꽃이여,

낙원의 딸이여.

Wir betreten feuertrunken,

Himmlische, dein Heiligthum.

우리 모두 정열에 취해

빛에 가득한 성소로 들어가자.

Deine Zauber binden wieder,

Was die Mode streng getheilt,

신성한 그대의 힘은

가혹한 현실이 갈라놓았던 자들을 다시 결합시키고,

Alle Menschen werden Brüder,

Wo Dein sanfter Flügel weilt.

모든 인간은 형제가 되노라.

그대의 부드러운 날개가 머무르는 곳에.

'환희의 송가'가 끝나면 베토벤은 그 전에 어떤 교향곡에서도 들려준 적 없는 전혀 새로운 모티브를 꺼내든다. 그것은 전쟁이 끝난 뒤에야 비로소 들리는 새로운 질서의 선율. 의심과 회의가 모두 사라진 자리에서만 시작되는 온전한 평화의 소리다. 빛은 마침내 음악 안으로 들어오고, 인류를 향한 영광과 확신의 찬가가 뒤따른다. 이제 음악은 선언한다. 지금부터는 빛이 존재하는 세계라고. 저 별 너머엔 이 모든 것을 이겨낸 신이 반드시 존재할 것이라고.

Seid umschlungen, Millionen!

Diesen Kuß der ganzen Welt!

서로 껴안아라, 만인이여!

전 세계의 입맞춤을 받으라!

Brüder, überm Sternenzelt

Muß ein lieber Vater wohnen!

형제여, 별이 빛나는 하늘 저편에

사랑하는 하느님께서 반드시 계실 것이다!

*

1942년, 나치 치하의 한 유대인 수용소. 죽음과 고통의 한복판에서 포로들은 베토벤의 9번 교향곡을 연주했다. 들리지 않는 악기를 붙잡고 끝내 형제애를 노래했다. 삶이 뿌리째 뽑히는 상황에서도 그들은 서로를 향해 "우리는 형제다"라고 말했다. 그들에게 이 노래는 단순한 음악이 아니었다. 인간이라는 증거이자, 마지막까지 잊지 말아야 할 희망이었다. 그래서 결국, 그의 노래는 베토벤 한 사람의 삶에 대한 기록이 아니다. 슬픔에 맞서 싸우고, 분노로 길을 뚫어내며, 마침내 사랑을 선택한 한 존재의 이야기다. 그의 음악이 여전히 우리의 가슴을 울리는 이유는 그가 운명과 맞서 승리했기 때문이 아니라, 끝내 포기하지 않았기 때문이다. 그의 삶이 시작될 때 사랑은 그의 곁에 없었지만, 그는 끝내 사랑으로 인생의 마지막 문을 닫았다. 누구보다 인간을 믿지 않았고, 누구보다 인간을 저주했던 사람. 하지만 끝내 인간을 믿어보기로 결심한 사람.

해마다 연말이면 사람들은 콘서트장에 모여 베토벤의 9번 교향곡을 듣는다. 정작 사람들이 가장 기대하는 '환희의 송가'는 단 일분 남짓, 전체의 고작 1.3%에 불과하다. 그러나 그 찰나를 위해, 합창단도, 솔리스트도, 지휘자와 관객도 모두 숨죽이며 기다린다. 4악장에 이르기까지 시간은 더디게 흘러가고, 때로는 지루함에 지쳐버릴지도 모른다. 아마 나는 여전히 20대 시절처럼 꾸벅꾸벅 졸지도 모르겠다. 그럼에도 우리가 그 시간을 함께 견뎌야 하는 이유가 있다면 그것은 베토벤이 감당했던 고통과 질문의 시간을 우리 또한 간접적으로나마 통과하고 있기 때문이리라. 인내하며 고통을 견디고, 함께 의심하며 이 음악을 듣다 보면, 마침내 우리도 환희의 송가에 다다를 것이라고 믿게 된다. 그렇게 한 해를 넘기고 나면, 우리는 다시 또 한 해를 살아낼 수 있을 것이다.

슬픔을 위로하는 슬픔:
슈베르트

어렸을 때 우리집 장식장에는 슈베르트가 살고 있었다. 유리 문 너머, 이름 모를 화가의 어딘가 쓸쓸해 보이는 유화 캔버스를 배경으로 한 CD 케이스 안에. 나는 음반에 영어로 적힌 그의 이름을 오랫동안 알아보지 못했다. 그를 처음 만난 건 초등학교 음악시간이었다. 선생님은 그를 이렇게 소개했다.

"슈베르트는 가곡의 왕이라는 별명이 있었어요."

얼마나 가곡을 잘 만들었으면 '왕'이라는 칭호를 얻었을까. 단순히 숫자 때문일까. 600개가 넘는 곡을 쓰면 비로소 '왕'이 되는 걸까. 평생 썼던 900여 개의 작품 중에서 대부분이 가곡이었다니. 인생을 한 장르에 갈아 넣으면 최고라는 이름이 따라오는 걸까. 물론 숫자가 전부는 아니었다. 그가 썼던 노래가 얼마나 아름다웠는지, 후세 사람들이 그의 작품에 '예술가곡(Lied)'이란 찬사를 붙일 정도였으니까.

흔히 사람들은 '왕'이나 '여왕' 같은 수식어로 그 음악가의 모든 걸 이해했다고 여긴다. 하지만 짧은 수식어가 한 인간의 모든 것을 말해주진 않는다. 슈베르트 역시 생전에 '가곡의 왕'이라는 칭호를 원치 않았을 것 같다. 그는 '시'가 없는 음악을 더 잘 만들고 싶어했다. 조금 더 구조적이며, 이론적으로 단단한 음악들. 열심히 배우고 익혀야 하는 기법 중심의 음악들 말이다. 물론 그 분야의 최고는 단연 베토벤이었다. 고전을 완성했으나 제 손으로 허물었으며, 낭만주의의 문까지 열어줬던 거장. 슈베르트는 그런 베토벤을 늘 동경했다. 베토벤은 타고난 건축가였고 어떠한 흔들림에도 무너지지 않는 완벽하고 거대한 건물을 수도 없이 쌓은 사람이었다. 반면 슈베르트는 건축가라기보다 화가였고 시인이었다. 치밀한 계획을 세운 꼼꼼한 설계보다 마음에 떠오르는 대로 스케치를 먼저 그려냈다. 몽환적 이야기를 동경했던 그의 영감은 늘 캔버스 밖으로 튀어나왔지만 베토벤이 장악한 규범의 세계는 견고했다. 그의 스케치는 자유롭게 악보를 누비기 어려웠다.

하지만 슈베르트는 운이 좋았다. 그가 등장했을 때 마침 규범의 세계는 해체를 앞두고 있었다. "이전 것은 지나갔으니 보라 새것이 되었도다." 마치 성서의 한 구절처럼 고전주의를 완성한 베토벤은 자신이 쌓아올린 성벽을 스스로 허물기 시작했다. 논리와 이성이 지배하던 자리에 틈이 생기자, 눈치 빠른 시와 감성이 그 빈자리를 파고들기 시작했다. 음표로 정교하게 쌓아올린 소나타는 이제 깐깐한 준공검사를 받을 필요가 없었고, 사람들은 실평수나 구조보다는 영혼을 뒤흔드는 감정의 인테리어에 더 많은 점수를 주기 시작했다. 새로운 시대는 머리가 아닌 가슴으로 작곡할 줄 아는 이들을 불러냈다. 파리와 비엔나의 살롱에서는 복잡한 플롯 대신 상징과 여백으로 감정을 전하는 시인들이 나타났고, 시는 단 한 줄로도 영혼을 뒤흔드는 마법이 되었다. 그 시가 작곡가의 손을 만나 마침내 선율과 한몸이 되었다. 리트(Lied), 예술가곡의 탄생이었다.

*

한스-요아힘 힌리히센이 『프란츠 슈베르트』에서 말했듯, 슈베르트에게 가곡이란 "어떤 위기에도 흔들림 없이 한결같이 만들어낼 수 있었던 가장 순탄한 장르"였다. 그는 선율이 어떻게 시와 만나야 하는지를 누구보다 정확히 알고 있었고, 이미 오래 전부터 당대의 모든 시를 탐독했다. 오랜 기다림 끝에 자신의 전성시대를 만난 슈베르트. 그런데 어쩐 일인지 그는 여전히 베토벤을 쫓아간다. 베토벤이 써 내려간 영광의 시대가 이제 과거형이 되었다는 사실을 그는 끝내 받아들이지 못한 듯 보인다. 슈베르트는 여전히 교향곡을 쓰고, 소나타를 만들었다. 도달할 수 없는 미완의 벽에 부딪힐 때마다 신음소리를 냈고, 그 고통의 소리를 잉크 삼아 음악을 적었다. 하지만 정작 자신의 작품에 스스로 만족할 수 없었고, 세상에 당당하게 내놓지도 못했다. 그저 자신과 친구들의 모임 '슈베르티아데'에서 이따금 들려줄 뿐이었다. 오갈 곳 없이 떠돌던 그의 무거운 영혼은 결국 가장 깊은 곳으로 가라앉았다. 그의 음악은 축축한 심연에 뿌리를 내리고 어두운 방향으로 흐르기 시작했다. 1824년 3월 31일 슈베르트는 친구 레오폴드 쿠펠바이저(Leopold Kupelweiser)에게 편지를 보냈다.

"한마디로 난 세상에서 가장 불쌍하고 불행한 인간이라네. 건강은 더 이상 회복될 가망이 없고, 비관한 나머지 오히려 악화되기만 하는 한 인간을 상상해 보게나. 빛나던 희망은 사라지고 사랑과 우정으로 가득했던 행복은 고뇌로 변해버린, 아름다움에 대한 열망마저도 꺼져가는 한 인간을 상상해 보게나. 비참하고 불행한 인간이 아니고 무엇이겠는가."

– 한스-요아힘 힌리히센, 『프란츠 슈베르트』 중에서

슈베르트는 본래 쾌활하고 명랑했으며 촉망받는 음악가였다. 그러나 늘 마음의 경계를 위태하게 딛고 선 자였고, 끝내 분열된 영혼을 이겨내지 못했다. 빛과 어둠을 동시에 품은 그는, 어떤 날엔 구름 위를 떠다니다가 또 어떤 날엔 괴팍한 짓을 일삼는 정신의 널뛰기에서 고통받으며 살았다. 낮에는 천상의 순결한 선율을 쓰고, 밤에는 홍등가 뒷골목의 끈적한 바닥을 훑어가며 쾌락을 탐닉했던 자.

슈베르트의 이면에는 검은 날개를 단 슬픔과 멜랑콜리의 악마가 그와 벗하고 싶어했다. 그러나 이 악마를 반드시 사악한 정신으로 매도할 순 없을 것이다. 그가 가슴 저미는 아름다운 노래를 지어낸 것도 때로는 어둠의 축성을 받은 시간 덕분이었기 때문이다.

– 엘리자베스 노먼 맥케이, 『슈베르트 평전』 중에서

기울어져 가는 자신의 운명을 무력하게 쳐다볼 수밖에 없었던 슈베르트를 떠올린다. 삶을 파고드는 고통 속에서도 그는 순수했던 소년 시절을 애타게 그리워했을 것이다. 투쟁의 마음은 비관으로 기울고, 절망은 신음이 되어 시로 흘러나왔으며, 절규는 노래가 되었다. 이상과 현실의 괴리가 커질수록 고통의 진폭도, 그 안에서 들리는 슈베르트의 목소리도 더욱 커졌으리라. 마침내 양극단을 이어주던 마지막 끈마저 불타버렸을 때, 그는 감당할 수 없는 삶의 경계 밖으로 내쳐졌을 것이다. 세상의 규범으로부터 인정받기 위해 여전히 펜을 쥔 채로.

1828년의 가을, 그는 병약한 몸을 이끌고 베토벤의 무덤을 찾았다. 그리고 얼마 지나지 않아 친구들에게 "나는 이제 아무 것도 쓰지 못할 것 같다"는 말을 남겼다. 그해 11월이 되었을 무렵, 그는 형 페르디난트의 집에서, 그가 평생 아껴오던 낡은 피아노와 함께 생의 마지막 시간을 보냈다. 마침내 11월 19일, 슈베르트는 31세의 나이로 세상을 떠났다. 창밖에는 스산한 바람이 불었지만 누군가에겐 이제 막 삶이 시작되는 계절이었을 것이다. 어쩌면 그는 '겨울 나그네'로서의 지독한 방황을 마치고, 마침내 영원의 세계로 향하는 먼 여정을 떠난 것이었는지도 모른다.

"나는 낯선 사람으로 이곳에 왔고, 다시 낯선 사람으로 떠나간다 (*Fremd bin ich eingezogen, fremd zieh' ich wieder aus*)."

〈겨울 나그네〉의 첫 곡 〈Gute Nacht〉의 가사처럼. 그는 처음 부터 이 세상에 오래 머물 수 없다는 것을 알고 있었던 것은 아닐까. 생의 끝자락, 세차게 몰아치는 눈발 속에서 바람을 타고 퍼지는 라이어(Leier) 소리에 이끌려간 허름한 골목. 그곳에서 거리의 악사가 조용히 그를 맞이하고 있었다[6]. 슈베르트는 마침내 발걸음을 멈췄다. 더 이상 걸을 길이 없는 곳에서, 더 이상 노래

---

6 〈거리의 악사(Der Leiermann)〉는 〈겨울 나그네〉의 마지막 곡으로, 거리 끝에서 바람 속에 홀로 서 있는 악사와 그를 바라보는 나그네의 침묵을 다룬다. 해석에 따라 이 악사는 죽음의 메타포이자, 방황하는 영혼의 최후를 맞이하는 상징으로도 읽힌다.

할 필요도 없는 곳에서 그는 안도하며 다정한 끝인사를 건넨다.
"잘 자요(Gute Nacht)."

　그가 진정으로 원했던 것이 무엇이었는지 나는 여전히 알 수
없다. 그저 그가 남긴 음악을 통해 그가 사랑했던 것들을 어렴
풋이 짐작할 뿐이다. 삶의 마지막 발판까지도 땔감으로 내어주
고 타오르던 그를 떠올려보면, 어쩐지 마음이 아려온다. 타버린
자리에 남은 것은 그가 그토록 열망했던 사랑뿐. 어쩌면 세상
엔 시로 태어나 시로서 살아야만 하는 사람들이 있을지도 모르
겠다. 찬란한 생명을 노래하는 이들이 있는가 하면, 축축한 동
굴의 어둠 속에서 해가 저물기만 기다리는 자들도 있는 법이다.
스치는 바람에도 살점이 떨어져 나가는 앙상한 영혼들, 붙잡은
희망이라곤 이제 곧 떨어질 나뭇잎뿐인 한겨울의 나그네처럼,
슈베르트야말로 어둠의 세례를 받은 '밤의 시인'이 아니었을까.
슬픈 자들을 보듬어주기 위해 태어난.

＊

　찬바람이 불기 시작하면 나는 슈베르트의 음악을 듣는다. 낙
엽처럼 무상하다가도 겨울밤을 토닥이는 손길처럼 따뜻한 소리.
그의 음악을 들으며 내 안에 있던 빛과 어둠을 잠시 마주보게
할 수 있어 다행이다. 슈베르트는 오늘도 내 주변을 서성인다.
그는 자신에게마저 거절당하며 삶의 언저리를 맴도는 자들을 찾

아다닌다. 운명의 수급(首級)을 날카로운 창에 꿰어 승리를 외치지 않아도 괜찮다고.

어느 적막한 밤, 여전히 구석에서 웅크리고 있을 당신에게 나는 슈베르트의 음악을 들려주고 싶다. 슬픔을 위로할 수 있는 건 결국 슬픔이고, 또 슬픔이어야 한다.

노바디여도 괜찮아:
그리그

"두통이 심해서 잠을 잘 수 없었는데, 환호 씨 음악을 들으니까 숙면
이 찾아왔어요. 덕분에 두통이 싹 나았어요."

사람들은 내 음악만 들으면 그렇게 잠이 온다고 말했다. 첫
앨범을 냈을 때도, 그 다음 앨범을 냈을 때도 그랬다. 그들은 좋
은 뜻으로 말했겠지만, 나는 왠지 그 말이 '너는 거기까지밖에
안 돼', '네 음악은 자장가나 배경음악일 뿐'이라는 식으로 들렸
다. 아니 배경음악이 대체 뭐 어때서? 누가 시킨 것도 아닌데,
내 자존감은 '까지', '뿐' 같은 단어의 상자 안으로 스스로 기어들
어갔다. 좌중을 압도하는 연주를 해내지 못한다는 오래된 콤플
렉스가 느닷없이 튀어나온 까닭이다.

시간이 흐를수록 그런 피드백은 더 자주 들려왔다. "매일 반복해서 틀어놓고 공부했더니 드디어 시험에 합격했어요", "몇년을 못 잤는데 드디어 불면증이 사라졌어요", "병원에 틀어놨는데 환자들이 무슨 음악이냐고 물어보더라고요" 같은 칭찬들. 의외의 상황을 맞이하며 나는 문득 생각했다. 혹시 내가 지금까지 내 재능을 오해하고 있었던 게 아닐까 하며.

사실 나는 사람의 마음을 꿰뚫는 창이 되고 싶었지만, 내가 가진 게 무뎌서 도무지 뚫을 수 없다고 생각해왔다. 아! 혹시, '창'이란 단어가 너무 과격하게 느껴지는지? 사람들은 음악이 평화롭다고 말하지만, 음악가의 세계는 생각보다 치열하다. 자리 싸움은 기본 값이고, 마디 하나, 프레이즈 한 줄, 음표 하나에도 기교와 해석을 겨루며 싸운다. 마치 무예가 출중한 삼국지 장수들의 대결 같다. 악보 속 음표들조차 저마다의 속도로, 세기로, 화음으로 결투를 벌인다. 그래서 대체로 '피아니스트'라고 하면 비르투오조(Virtuoso)[7], 화려한 아르페지오, 카덴차[8], 포르티시모, 프레스토 같은 압도적 기교가 있어야 한다. 그래야만 이길 수 있다.

---

7 이탈리아어에서 유래한 말로, 압도적인 테크닉과 예술성을 겸비한 연주자를 가리킬 때 사용된다. 종종 청중을 사로잡는 화려한 속주와 극한의 연주 난이도, 무대 위에서의 카리스마로 대표된다.
8 솔리스트가 즉흥적으로 연주하는 자유로운 기교 구간을 말한다. 특히 협주곡에서 오케스트라가 멈춘 뒤, 독주자가 혼자 등장해 기술적 능력과 해석력을 뽐내는 장면으로 유명하다.

하지만 내 음악은 시처럼 부유하고, 물처럼 흐르는 음악에 가깝다. 느리게 걷고(Andante), 작게 속삭이며(Pianissimo), 조용히 침잠하고(Sotto voce), 부드럽게 연결되는 사유의 흐름(Legato)에서 훨씬 편안해 한다. 이런 성향 때문에 치열한 경쟁의 세계 속에서 음악을 하기엔 큰 단점이 있다고만 여겼다. 그러니 혼자 무딘 날을 탓하며 괴로워할 법도 하지 않은가.

그런데 만약 애초에 내가 '창'이 아니었다면? 모든 싸움이 처음부터 내 몫이 아니었는지도 모른다. 생각해보면 나는 전장의 한가운데서 전열을 무너뜨리는 '장수형' 음악가와는 거리가 멀다. 싸우며 전리품을 챙기는 무관보다는, 살림을 꾸리고 기록을 남기는 문관에 가깝다. 시와 풍류를 더 좋아하고, 치열한 대결에는 영 재주가 없다고 생각해왔다.

그런데 시대가 바뀌었다. 안팎의 소란함에 지친 사람들이 고요함에도 귀를 기울이기 시작했다. 나는 변한 게 없지만, 시대가 내 기질을 필요한 무언가로 바꾸어 놓은 것이다. 잔잔하고 부드럽게, 누군가의 귀를 불편하지 않게, 더 작게 연주하는 건 누구보다 자신 있었다.

*

　나의 음악적 롤모델은 베토벤도, 바흐도, 슈베르트도 아닌 '에드바르드 그리그'다. 나의 음악에 대한 가치관을 정립하는 데 지대한 영향을 준 음악가다. 그를 만나기 위해 노르웨이 베르겐 근교의 '트롤하우겐'으로 향한 적이 있다. 이름 그대로 '트롤의 집'을 뜻하는 이곳은, 그리그가 평생을 머물며 음악을 썼던 곳이다. 낮은 언덕 위, 나무로 지어진 소박한 이층집. 햇살이 가득 드는 응접실에는 그의 아내 니나와 함께 연주하던 그랜드 피아노가 놓여 있다. 더할 것도, 뺄 것도 없는 가구들 틈에서 그리그는 조용한 일상을 살았다. 창밖으로는 피요르드의 수면이 길게 펼쳐지고, 집 앞엔 강가를 향해 지어진 작은 빨간 오두막이 있다. 그리그는 그 오두막에서 빛으로 일렁이는 강물을 바라보며, 자연과 고독 속에서 떠오른 음표들을 오선지 위로 건져 올렸다.

　대학 시절, 내가 보던 낡은 『서양음악사』 책은 그리그의 이름 앞에 '준재(準才)'라는 수식어를 붙여 놓고 있었다. '천재'는 오직 바흐, 베토벤, 모차르트의 몫이었다. 그리그가 살던 낭만주의 후기, 음악계의 중심은 비엔나, 파리, 라이프치히 같은 도시들이었다. 날고 기는 천재들이 모이던 이곳은 베토벤이 남긴 유산을 차지하기 위한, 치열한 중원의 대결이 펼쳐지는 곳이었다. 북쪽 변방이었던 노르웨이 출신의 그리그는 라히프치히 음악원에 입학하며 시대의 격전지로 뛰어들었다. 그러나 자연주의 정서에 길들여진 그에게 비르투오조와 환상으로 직조된 최신 낭만주의는 낯선 것이었다. 보수적이고 경쟁적인 분위기, 하루가 다르게 바뀌는 최신이론과 빠른 유행의 흐름 속에서 그는 좀처럼 녹아들지 못했다.

그는 금세 음악계에 환멸을 느꼈다. 결국 그곳을 떠나 몇 해 동안 북유럽 곳곳을 떠돌다 고향 노르웨이로 돌아왔다. 강가를 마주보는 언덕 위에 집을 짓고 숲과 들판을 바라보며 자신만의 음악을 빚기 시작했다. 베토벤 이후 작곡가들은 저마다의 전술과 무기로 그가 쌓아 올린 음악의 성을 공략했지만, 그리그는 그 싸움에서 한 걸음 물러났다. 낭만주의자들의 클리셰였던 우울과 비관의 정서를 거부하고, 폭포 소리, 새소리, 양의 울음, 빗소리 같은 자연을 모티브로 삼았다. 위대한 작곡가들을 존경했지만 그들의 성을 정복하겠다는 야망은 없었다. 남이 가진 것을 빼앗거나 흉내내는 대신 그저 자신의 음악을 만들어 나갔다.

그렇게 완성된 대표작이 바로 〈서정소곡집〉이다. 베토벤과 브람스의 교향곡이 하나의 주제로 엮인 장편소설이라면, 그리그의 이 소품들은 짧은 시의 모음이자, 동화 같은 풍경화에 가깝다. 그는 이 작품을 평생에 걸쳐 만들었는데, 그가 20대부터 50대까지 30여 년에 걸쳐 완성한 66개의 곡이 10권으로 엮여 있다. 그리그의 〈서정소곡집〉은 대개 이런 제목을 갖고 있다.

Sommerfugl (Butterfly 나비) op. 43-1

Trolltog (March of the Dwarfs 난쟁이들의 행진) op. 54-3

Klokkeklang (Bell ringing 종소리) op. 54-6

Sommeraften (Summer's eve 여름 밤) op. 71-2

Småtroll (Puck 작은 요정) op. 71-3

첫 곡은 '아리에타(Arietta)'다. 고작 1분 남짓한 길이의 짧은 곡. 마치 소년의 첫 일기장 같은 싱그럽고 풋풋한 감정을 담고 있는 노래다. 이 시리즈의 마지막 곡은 그로부터 30년이 지난 후에 작곡된 '리멤브런스(Remembrance)'인데, 이 곡은 소곡집의 첫 곡인 '아리에타'의 멜로디를 조금 변형한 곡이다. 순진한 소년의 음표는 이제 관록 있는 중년의 왈츠로, 충만한 노스탤지어로 바뀌었다. 화려한 피날레 대신, 저무는 해처럼 천천히 소리를 닫는다. 그렇게 첫 곡과 마지막 곡이 조용히 맞닿으며 30년의 시간은 시에서 한 권의 소설로 완성된다. 그리그는 긴 세월 동안 작은 조약돌들을 놓았고 그 돌들이 모여 누군가의 쉼터가 되었다.

그가 누렸던 고요하고 성실한 삶은 사실 공짜로 얻은 것이 아니었다. 그리그는 꽤 오랜 시간 동안 북유럽의 민속 선율을 모으고, 잊혀진 노래들을 복원했다. 문화계승에 공헌한 바를 인정

받아 국가로부터 연금을 받았고, 덕분에 그는 안정적으로 음악을 만들 수 있었다. 마땅한 보상이었다. 변두리를 걸으며, 자신의 방식으로 공동체에 기여했으니 말이다. 비록 작은 길이었지만, 그 누구와도 경쟁할 사람이 없는 길에서 가장 자기다운 음악을, 자기다운 삶을 완성해 냈던 것이다.

*

때때로 나는 위대한 음악가의 곡을 연주하면서 착각에 빠진다. 바흐를 연주하면 내가 바흐가 된 것 같고, 베토벤을 연주하면 마치 그가 내 안에 들어온 듯한 착각. 하지만 실은 그들이 지휘했던 악단의 무명 연주자에도 미치지 못한다는 것을 안다. 현실적인 메타인지 덕분에 착각에서 빨리 빠져나오는 편이다. 물론 그러다가도 현실 속 다른 베토벤, 다른 바흐를 볼 때면 원대한 야망을 품지 않는 자신을 채근하게 된다. 그렇게 마음이 흔들릴 때면, 나는 꼭 그리그의 이 글을 되뇌곤 한다.

"나는 스스로 바흐나 모차르트, 베토벤과 같은 수준의 작곡가라고 생각해 본 적이 없다. 그들의 음악은 영원한 음악일 것이다. 나는 그저 나의 세대와, 나의 시간을 위한 음악을 만들었을 뿐이다."

아무것도 아닌 사람이 되어도, 아무렇지 않았던 사람. 상대를 인정할 줄도, 자신이 누구인지도 잘 알았던 그리그는 서양음악사의 끝단에 당당히 기록되었다. 모두가 베토벤일 수 없고, 모두가 그리그일 수도 없는 세상이다. 우리는 각자 자신으로 살아내는 것 말고는 도무지 방법이 없다. 그러니 가장 자기답다면 무엇이든 될 수 있지 않을까.

복잡한 도시보다 언덕 위 풍경을 사랑하는 이들을 알고 있다. 노을을 좋아하고, 하루에 한 번은 꽃을 보고, 책을 읽고, 고양이를 쓰다듬고, 낮잠을 두 시간쯤 자야 겨우 살아지는 사람. 독서 모임에서 좋아하는 문장 하나를 붙잡고 몇 시간을 떠드는 사람. 높은 빌딩의 그림자가 언덕을 덮어도, 그들은 제 빛깔을 잃지 않고 여전히 그곳을 지켜낸다.

언젠가 내가 마지막으로 연주해야 할 때가 온다면, 그런 당신들을 초대하겠다. 약속하건대, 첫 곡은 아리에타로, 마지막 곡은 리멤브런스로 연주하겠다. 각자의 오두막을 찾아 떠났을 노바디들의 위대한 여정을 기리면서.

아직도 전쟁 중:
프로코피예프

한참 동안 건반을 노려봤다. 짧은 숨을 몰아쉬며, 나는 마치 포화 속으로 몸을 던지는 병사처럼 손을 뻗는다. 반동분자를 찾는 부역자들의 서슬 퍼런 눈빛을 피해 지하창고에 숨어든 혁명가. 체제에 순응하고 있다고 스스로를 방어하지만, 의심은 멈추지 않고 총구는 점점 가까워진다. 불협의 화성에 갇혀 오랜 시간 희미하게 억눌린 선율은 암호처럼 숨어 있지만 피아 식별을 위해 조금씩 흔적을 남겨뒀다. 숨기고 위장하는 데는 도가 텄지만 이제는 드러나야 할 때다. 누구의 편인가, 블랙요원인가, 혹은 배반자인가. 애매한 태도는 의심을 키우고, 그럴수록 위태로운 선율은 베일이 벗겨진다. 눈빛은 이미 두려움에 휩싸여 있다. 그때 어디선가 '땡' 하는 소리가 들려온다.

"여기까집니다. 다음은 참가번호 12번입니다."

종이 울리자마자 눈을 떴다. 다행히도 전쟁터가 아니라 콩쿠르 장소다. 어디 앉아 있는지도 모를 심사위원을 향해 꾸벅 인사를 하고 얼른 그곳을 빠져나왔다.

나는 참가번호 11번이었다. 졸업을 한 학기 남기고 교수님은 내게 콩쿠르 출전을 권했다. "이 곡은 네가 압도적으로 잘 치고 있어. 결과가 좋을 거야." 그 곡은 프로코피예프의 전쟁 소나타 7번이었고 나는 교수님 말대로 생애 첫 입상을 했다. 4학년이 되면 20세기 초반 현대곡이 과제로 주어진다. 여기서 현대곡이란 대체로 현대미술에서 말하는 그 '현대'처럼 난해하고 어려우며 기호화된 의미를 발굴해야 한다는 걸 의미한다. 이 시기에 모차르트의 우아함, 베토벤의 고뇌, 쇼팽의 엘레강스 같은 고전음악의 미학은 혁명의 깃발 아래 처형대로 끌려갔다. 그들은 질문한다. 아직도 사탕처럼 달콤한 부르주아 예술이나 찾냐고. 예술의 미학은 의심받고, 음악은 전장으로 끌려나가던 야만의 시대.

제2차 세계대전이 한창이던 시기, 프로코피예프는 인간성이 무너져가는 세상을 목격했다. 세상은 서서히 휘어지다 결국 부러져 버렸고 그 파편을 고스란히 음악이 받아냈다. 낭만시대를 열며 스스로 독립을 이뤄낸 음악은 다시 절대 권력에 종속되었고 예술가의 내면은 검열과 강요 속에 침묵을 강요당했다. 할 수 있는 거라곤 온통 쿵쾅거리는 소음과 낯선 화성으로 그 누구도 이해할 수 없는 암호화된 방식으로 항거하는 것뿐이었다.

나는 이 작품에 강하게 끌렸다. 낯설고 전위적인 구조 안에, 어딘가 설명할 수 없는 낭만이 숨어 있었다. 교과서에서는 이 곡을 구성하는 소리의 핵심을 '불규칙한 타악기적 리듬 클러스터'라고 어렵게 표현했지만, 내게는 오히려 익숙한 리듬이었다. 어린 시절 배웠던 드럼의 박자들과 하나도 다를 바 없었을 뿐더러, 그 쿵쾅거림이 도리어 내 가슴을 뛰게 했다. 고통과 파괴의 리듬 사이로 냉담하게 흐르는 선율엔 한줄기 빛이 있었다. 힘없는 예술가의 양심은 고장난 심장처럼 불규칙하게 튀어 올랐지만 사방이 어수선한 폐허 사이에서 이따금씩 아름답게 보이기도 했다.

*

프로코피예프는 폭력적인 세계 속, 지극히 나약한 작곡가였다. 스탈린 체제 아래에서 예술가의 선택지는 두 가지였다. 권력의 나팔수가 되거나, 침묵의 대가로 숙청당하는 것. 그러나 그는 둘 사이 어딘가, 명확하지 않은 회색지대에 발을 걸치기로 작정한다. 독립투사가 되기보단 소신 있는 예술가와 정권의 부역자 사이에 발을 걸치는 방식으로 생존해 나갔다. 낮에는 권력을 찬양하고 어둠이 짙어지면 진짜 자신의 선율을 써내려갔다. 그러나 변신에 능숙한 사람은 아니었다. 정권에 친밀함을 보이기 위해 독일을 악마화한 오페라를 만들었지만, 하필이면 초연 직전에 독소 불가침 조약이 맺어졌다. 역시 아부도 해 본 사람만 할 수 있는 것일까. 줄을 잘못 선 대가로 그는 숙청의 위기를 겪기도 했다. 지지리 운도 없는 사람.

그가 오선지 위에서 주저하는 사이 전장의 병사들은 살을 뚫는 진짜 총탄에 쓰러졌다. 작품의 2악장은 그런 풍경에서 시작된다. 한낮의 태양 아래 길게 늘어진 죽음의 그림자, 두려움은 환각과 현실의 경계를 흐린다. 곧 밀려올 밤의 공포는, 점점 기울어지는 그림자를 서서히 갉아먹는다. 죽음의 문턱에서 잠깐 스쳐가는 목가적 풍경이 등장하지만, 섬망처럼 나타났다가 사라지는 착시일 뿐이다. 음악 속에 애써 감춰 놓은 강렬한 삶의 희망은 억압된 화성처럼 점점 더 강한 압력을 받기 시작한다.

마지막 악장의 기세는 거칠고 맹렬하다. 음악은 숨 돌릴 틈도 없이 종말을 향해 내달린다. 전쟁의 도구가 되어 모르핀을 맞은 채 죽음을 향해 뛰어드는 병사들. 그들의 최후는 음악의 끝과 함께 찾아온다. 보통의 음악이라면 클라이맥스를 위해 약간의 공간적 여유를 두지만, 그는 마치 고지를 포기하고 떠나듯,

너무나 갑작스러운 종지를 선택한다. 여운조차 남지 않는 이 파멸적 결말은 잔혹하고 무책임한 전쟁의 리얼리즘을 그대로 반영한다. 혹여나 피날레가 아쉬워 건반을 잡아두거나 페달을 밟는 순간, 음악은 그대로 무너지고 만다. 전쟁은 끝났지만 아무것도 끝나지 않았다. 남은 건 오직 물음뿐이다. 그래서 무엇을 위한 전쟁이었나. 누구를 위한 승리였는가.

스탈린은 죽었다. 그리고 같은 날, 프로코피예프도 조용히 세상을 떠났다. 도시는 독재자의 죽음에 몰려있었고, 그의 장례식은 적막했다. 어쩌면 그의 소나타는 예언이었을지도 모른다. 세상은 해답 없이 파국으로 끝나기도 한다는 찜찜한 진실. 대숙청의 시기에 그가 눌렀던 피아노 건반에는 칼날이 서려 있었다. 어느 음을 선택하느냐에 따라 그의 생사가 갈렸다. 그럼에도 그는 끝까지 오선지를 메웠고, 건반 위에 머물렀다. 훗날 그는 복권되었으며 그의 이름은 스탈린 시절 세워진 공항의 간판에 새겨졌다. '도네츠크 세르게이 프로코피예프 국제공항'. 불행히도, 이곳은 2014년 돈바스 전쟁 이후 단 하루도 평화를 맞지 못했다. 프로코피예프는 지금도 총탄이 오가는 전장에서 잠들어 있다.

*

그가 목숨을 걸고 써낸 음악은 이제 무대 위의 '작품'이 되었다. 나는 그 곡으로 대학 시절 마지막 실기시험을 치렀다. 삶과 죽음의 경계에서 태어난 생존의 예술은 노란 조명 아래, 커피를 홀짝이며 지루해 하는 평가자 앞에서 점수로 환산된다. 페달을 안 밟았으니 감점, 소리가 너무 거칠어서 감점, 템포 변화에 미숙해서 감점. 누군가에겐 실존했던 고통마저도 점수를 매긴다. 전쟁의 지옥을 건너며 겨우 살아온 음악은 이제 아름다워져야 한다. 진실을 재현하는 건 누구에게나 불편한 일이니까. 그러니 뾰족한 선율은 매끈하게 다듬고 너무 쿵쾅거리는 볼륨은 적당히 줄여가면서. 비극과 야만의 시대를 온몸으로 살아낸 자, 그의 고통과 좌절은 악보에 인쇄되어 박제되고 통제된다. 연주자에게 그의 작품이란 박물관에 전시된 오래된 물건일 뿐이다. 그럼에도 나는 믿는다. 나 같은 무지렁이들이 읽고, 누르고, 때려내는 것만으로도 그의 정신은 미약하게나마 살아있다고.

음악이 들리는 마음:
임윤찬

2000년 전 진나라 재상 여불위가 엮은 백과사전 『여씨춘추』
에는 이런 문장이 실려 있다.

"태평한 시대의 음악은 고요하고 명랑해서 정치가 올바르고, 불안한
시대의 음악은 흥분하고 분노로 가득 차 있어서 정치가 괴이하고, 망해
가는 시대의 음악은 감상적이고 슬퍼서 정치가 위태롭다."

헤르만 헤세는 소설 『유리알 유희』에서 이 문장을 인용하며,
음악이라는 것이 시대와 정치에 대해 어떤 감각을 갖고 있는지
를 되묻는다. 언뜻 보면 자연스럽고 당연한 정의 같지만, 곰곰
이 읽어 보면 꽤 낯선 개념이다. 음악이 정치와 함께 논의되는
일 자체가 드물 뿐더러, 무엇보다 문장의 주어가 '음악'이라는

사실인 까닭이다. 음악이 시대를 설명하는 언어로 쓰인다는 것, 너무 흥미롭지 않나! (나만 재밌나?)

　물론 여기서 말하는 음악은 단순히 조직된 소리들, 우리가 쉽게 알고 있는 '예술'로서의 음악을 뜻하지 않는다. 여불위 시대의 음악은 음율과 언어, 예(禮)와 시(詩)가 통합된 질서의 코드였고, 사회의 규범을 내면화시키는 일종의 감각적 장치였다. 게다가 그때의 '시'라는 건 지금의 낭만주의 서정시처럼 개인의 감정을 발화하는 형식이 아니라, 천(天)과 인(人), 정치와 윤리의 균형을 시각과 청각으로 구현하는 의례적 서사에 가까웠다. 즉, 운율이나 소리보다는 사상에 가까웠던 것. 당연히 그런 음악이라면 정치에 강력한 영향을 줄 뿐만 아니라, 일기예보처럼 다가올 시대정신을 예견하는 바로미터 역할도 할 수 있었을 것이다.

*

　애초에 헤세가 여불위의 글귀를 인용한 것에는 이유가 있었다. 그는 시대의 음악이 변하고 있다는 사실을 감지하고 있었다. 그가 살던 시대의 음악은 점점 격렬해지고, 선동적이며, 과격해졌다. 불행하게도 그는 시대를 읽어냈지만, 다가오는 야만의 시대를 막아낼 수는 없었다. 음악이 세상을 비추는 거울이 될 수는 있어도, 총칼을 막아내는 방패가 될 수는 없으므로. 물론 제1차 세계대전에서 두 진영이 잠시 총부리를 거둔 '크리스마스의 기적' 같은 예외도 있었지만, 그것으로 전세가 기울 수는 없었다. 오히려 바그너 같은 음악가들은 히틀러의 광기에 정서적 신성을 부여하며 정권에 봉사했다. 음악은 저항하지 않았고, 부역했다. 한때 베토벤이 그토록 고집스럽게 독립시켜 놓은 '예술로서의 예술'이, 다시 권력자의 손에 들어가 선동과 선전의 수단이 된 것이다.

영화 〈피아니스트〉에서 유대인 피아니스트 스필만은 독일군 장교에게 자신의 존재를 낡은 피아노 앞에서 증명하기 전까지 폐허더미에 숨어 통조림 깡통이나 찾아다녀야 하는 존재였다. 음악가들은 이런 무력함을 본능적으로 알고 있다. 그래서 전쟁이 닥치면 누군가는 선전의 도구가 되었고, 누군가는 패배한 민중의 비가를 만들었다. 살아남기 위해선 자신이 가진 감각이라면 무엇이든 팔아야만 했기 때문이다. 지금은 그마저도 어려운 시대가 되었다. 음악은 전쟁의 무대에서조차 밀려난 지 오래다. 군악대가 전장을 누비던 시대는 끝났고, 전쟁은 이제 더 이상 인간의 감정이 아닌 알고리즘에 의해 작동된다. 드론이 싸우고 인공지능이 전략을 짜는 시대에, 음악은 더 이상 낄 자리가 없다.

현실의 전장에서는 밀려났지만, 음악은 이제 또 다른 전선으로 끌려왔다. 자본과 돈의 실탄이 거대한 팬덤과 플랫폼 사이로 날아다니는 전장에서, 음악은 팔리기 위해 기꺼이 스스로를 표적으로 만든다. 이제 음악가는 살아남기 위해 자신을 '가장 눈에 잘 띄는 적'처럼 꾸며야 한다. 색색의 조명을 두르고, 알고리즘에 최적화된 제목을 붙이고, 10초가 채 안 되는 릴스 속에 영혼을 구겨 넣는다. 요즘의 음악가들은 그렇게 스스로 형광 조끼를 입고 전장 한가운데로 걸어 나가는 사람들 같다. 가슴에는 '좋아요', 등판에 '구독' 버튼을 커다랗게 달고, 누군가의 조준선 안에 기꺼이 들어서기를 바라면서. 조준되어야 살아남을 확률이 높아지는 역설이라니. 무명의 은신처는 점점 사라지고, 존재는 곧 소비되어야 한다는 명제가 음악가의 일상을 지배하는 세상에서, 음악은 이제 거대한 데이터센터 위를 부유하는 코드일 뿐이다. 더 이상 마음의 어딘가에 닿는 음악이란 없다. 서버와 스피커 사이를 맴돌다 사라질 뿐. 음악의 시대는 이대로 사라지는 걸까.

*

우크라이나와 러시아의 전쟁이 한창이던 2022년. 미국 텍사스에서 열린 '반 클라이번 국제 피아노 콩쿠르'는 그 어느 때보다 묵직한 의미를 품은 무대가 되었다. 참가자 중에는 우크라이나 출신 피아니스트 드미트로 쵸니와 러시아 출신 피아니스트 안나 게니쉬네가 나란히 이름을 올렸다. 모든 언론은 이 둘의 대결에 집중했다. 음악이 국가 간 갈등을 어떻게 반영하는지 보여주는, 거대한 사회 실험의 장이 될 참이었다. 한국의 한 방송사 역시 이 이슈를 놓치지 않고 취재팀을 파견했다. 더 흥미로운 건 심사위원들의 반응이었다. 정치적 해석이 넘쳐나는 이 대결 앞에서, 그들은 음악이 무엇을 할 수 있는지를 두고 서로 다른 입장을 보였다.

"음악을 이해하는 인간이라는 사실만으로 우리는 연결된다. 음악은 서로를 연결하고 하나로 만드는 힘이 있다. 우리는 반드시 그것에 집중해야 한다. 무엇이 우리를 단절시키며, 연결시키는가에 대하여. 음악은 여전히 희망이다."

– 마린 알솝 (심사위원)

"음악은 더 이상 평화의 상징이 될 수 없을 겁니다. 이제 세상이 많이 바뀌었어요. 음악은 총구 앞에서 아무런 힘이 없습니다."

– 릴리야 질버스타인 (심사위원)

심사위원들 사이에서도 이 무대를 바라보는 시선은 엇갈렸다. 음악은 여전히 연결인가, 아니면 무력한 이상인가. 그들 각자의 언어 속에는 보이지 않는 권력의 그림자가 어른거렸다. 하지만 정작 참가자들은 달랐다. 우크라이나 출신이건, 러시아 출신이건, 미국 출신이건 그저 서로를 음악가로 대할 뿐이었다. 그들에게 전쟁은 대의도 명분도 아닌, 국경을 맞댄 내 가족과 친구들의 생존 문제였기 때문이다. 언론이 기대하던 갈등 서사는 그 무대 위에 없었다. 적어도 그들에게 음악은 여전히 정신이었으며, 저항이었고, 연대였다.

콩쿠르가 끝난 지 2년이 지난 지금도 우크라이나와 러시아의 전쟁은 여전히 끝나지 않았다. 이스라엘과 가자지구, 이란과 이스라엘 사이에서도 전쟁은 벌어졌고, 휴전 상태인 우리나라 역시 그 불안의 경계에 놓여 있다. 전쟁은 더 이상 인간의 얼굴을 필요로 하지 않는다. 파일럿은 시뮬레이터 앞에 앉고, 드론이 공격을 대신 수행한다. 화면 저편에 실재하는 죽음은 스크린 너머의 가상 이미지로 전달될 뿐이다. 죄책감도 슬픔도 희미해졌고, 전쟁의 서사마저 진공 상태처럼 마모되었다.

이제는 평범한 사람들도 사이버 전장으로 뛰어든다. 오늘도 수많은 키보드 워리어들이 스크린을 향해 총탄과 수류탄을 날린다. 불편하다고, 불편하면 자세를 고쳐 앉으라고, 어디서 꼰대질이냐고, 맞춤법이 틀리다고, 왜 맥락을 모르냐고, 너는 왜 부계정이냐고. 나라 걱정이라도 하려 치면, 네가 찍은 나라는 몇 번이냐고 따져 묻자는 사람들. 진영으로, 남녀로, 가진 자와 가지지 못한 자가 서로 나뉘어 저마다의 시한폭탄을 안고 뛰는 세상. 삿대질과 비난에 굶주린 채, 다음 먹잇감을 찾아 헤매는 사람들. 누군가의 말처럼 압력밥솥 안에서 차라리 스팀이 터지기만을 기다리고 있는 민족. 어쩌면 우리야말로 여불위가 말했던 '불안의 시대'를 향해 가장 **빠르게** 달려가고 있는 게 아닐까?

*

1988년 서울올림픽 개막식. 화려한 팡파르와 음악이 멈추고, 반바지 차림의 한 소년이 경기장을 가로질렀다. 굴렁쇠 하나를 굴리며, 조명도 음악도 없이, 정적 속을 달리는 아이. 침략과 분단으로 얼룩진 땅에서 세상을 향해 굴려 보내는 평화의 궤도. 화려한 밤하늘을 수놓는 불꽃도, 거대한 합창단이 만드는 웅장한 음악도 없었지만, '손에 손을 잡고 함께 벽을 넘자'는 세련된 주제가보다도 강렬한 메시지가 거기 있었다. 이어령 선생은 그것을 '정적의 힘'이라 불렀다. 목청 큰 이념과 소음이 지배하는 시대에는 침묵이야말로 가장 강력한 언어가 된다고.

굴렁쇠 소년이 중년이 된 지금, 우리는 다시 그 침묵을 기다리고 있는지도 모르겠다. 소음이 가라앉고, 분노가 멎고, 모두가 입을 다무는 시간을. 음악이 슬퍼지고 정치가 괴이해지는 시대의 끝에는 언제나 그런 침묵이 세상을 덮었다. 그 침묵이 지나간 후에야 비로소 다시 음악이 들리기 시작했다. 그러므로 우리는 그 정적의 한복판에서 다시 굴렁쇠를 굴리는 사람을 기다린다. 세상의 증오와 폭력에 휘둘리지 않으며, 세상의 채근에 굴복하지 않으며 조용히 자신의 궤도를 그리는 이들을. 그런 마음이 이 세상에 있는 한, 음악은 영원히 끝나지 않을 것이며, 그것이야말로 여불위가 말한 진짜 음악의 시대일지도 모른다.

"음악은 눈에 보이지 않기 때문에 더 진짜라고 생각하고요. 음악이 이 세상에 존재하는 몇 안 되는 진짜라고 생각해요."

2022년 반 클라이번 국제 피아노 콩쿠르의 우승자는 우크라이나도, 러시아도, 벨라루스도 아닌 대한민국의 임윤찬이었다. 음악이 세상의 몇 안 되는 진짜라고 수줍게 말하는 그의 한마디가 어쩐지 너무 쉽게 마음을 뚫고 들어온다. 음악에 자신의 삶을 건 사람의 말이어서, 그래서 힘이 있는 걸까. 임윤찬을 포함한 모든 참가자들은 무력한 음악으로 더 나은 세상을 만들기 위해 무대에 섰다. 국적과 국경을 초월해, 전쟁의 한가운데서도 자신 앞에 겨눠진 세상의 총구를 두려워하지 않으며, '예술은 쓸모없다'는 말이 당연해진 이 시대에, 그들은 오히려 가장 오래된 방식으로, 이제는 사라진 가장 진실한 방식으로, 가장 비폭력적인 자세로 세상의 증오에 맞서고 있었다. 침묵 속에서 조용히 굴렁쇠를 굴리는 이들이 여전히 존재한다. 희망은 아직 남아있다고 감히 말해봐도 될까. 진광불휘(眞光不輝), 진짜 빛은 빛나지 않는다.

침묵 다음으로 아름다운 소리:
북유럽 여행기 1

침묵은 황혼녘 대기에 퍼진 빛의 소멸을 부른다. 침묵은 우선 어둠이 차오르기를 준비하고, 그런 연후에 밤을 맞이한다. 침묵은 가을의 장엄한 황혼녘에 짐승들의 부동 상태, 철새들의 떠남, 외투와 양모로 감싼 몸의 움츠림, 겨울 강추위에 물의 결빙을 야기한다.

– 파스칼 키냐르, 『하룻낮의 행복』 중에서

딸 민하가 세상에 태어나 처음으로 들은 음악은 내 곡도, 흔한 자장가도 아니었다. 노르웨이 작곡가 올라 야일로의 〈Night〉라는 앨범이었다. 조리원에서 새벽수유를 할 때마다 졸린 눈으로 조용히 그 음악을 틀었다. 차분한 단조 선율이 새벽의 정적 위로 흐를 때면, 새로운 생명을 마주한 신비와 기쁨이 갓 부모가 된 자의 두려움과 뒤섞이며 알 수 없는 감정이 들곤 했다. 이 모든 마음을 쓰다듬는 손길이 야일로의 음악에 있었다. 단조의 슬픔 때문이었을까. 팬데믹으로 온 세상이 멈춰선 그 겨울, 야일로의 낮고 조용한 선율은 오히려 더 고요하고 평온했다. 마치 자장가가 언제나 그래왔던 것처럼.

북유럽의 음악가들을 좋아하게 된 건 꽤 오래전부터다. 우연히 라디오 같은 데서 좋은 음악을 들으면 습관처럼 검색해 보곤 하는데, 이상하게도 '이거다' 싶은 음악은 늘 그쪽 지역에서 나왔다. 아이슬란드의 클래식 피아니스트 비킹구르 올라프손(Vikingur Olafsson)의 오르간 소나타도 그 중 하나였다. 마치 광활한 대지의 풍경을 울림판 삼아 빚어낸 듯한 소리. 그의 피아노에서는 빙하를 깎아 만든 듯한 청명한 오르간 소리가 들렸다. 저음에는 오래된 거목에서 시작된 대지의 울림이, 고음에는 얼음들이 부딪히며 흩뿌린 빛의 산란이 가득했다. 소리는 배음의 바람을 타고 잔향이 되어 사라졌고, 마침내 찾아온 침묵 속에서야 비로소 음악이 출발한 곳이 황량한 광야였음을 깨닫게 된다. 그것은 대자연의 풍경을 그려낸 지극히 북유럽적인 음악이었다.

*

노르웨이 여행을 위해 오슬로 공항에 내렸을 때다. 게이트를 통과하자마자 북미나 다른 유럽의 공항과는 사뭇 다른 분위기가 느껴졌다. 어딘가 푸근하고 따뜻한 느낌인데, 그게 도대체 무엇 때문인지 몰라서 답답했다. 공항을 나와 호텔을 갈 때도, 시내의 도서관을 갈 때도 비슷한 느낌을 받았다. 그 이유를 알아차리는 데 이틀쯤 걸렸던 것 같다.

편안함의 비밀은 조명에 있었다. 그곳에서는 한국의 쨍한 주광색 조명은 거의 찾아볼 수 없었고, 빛을 내는 전구 역시 직접 공간을 비추는 법이 없었다. 나무 벽에 숨겨진 기다란 램프, 천으로 덮은 스탠드, 다양한 갓을 씌운 전구들까지 모든 빛은 틈새나 구석을 타고 부드럽게 퍼졌다. 건물의 복도나 모서리도 마찬가지였다. 빛의 감각이 발길 닿는 곳마다 스며있었다. 과하지 않으면서도 은은하게 따뜻한 빛. 그 빛 때문에 모든 공간이 마치 오후 세 시의 햇살이 드는 방처럼 나른하게 느껴졌던 것이다.

직접 드러내지 않고 은은히 퍼지는 조명처럼, 스칸디나비안 디자인의 미덕은 과하지 않은 간결함에 있다. 스칸디나비안 디자인의 뿌리가 되는 바우하우스는 '쓰임의 미학'을 추구한 실용주의 미술 운동이었다. 이곳의 초대 졸업생 마르셀 브로이어는 자전거 안장에서 영감을 얻어 그 유명한 '바실리 체어'를 만들었다. 일상의 구조 속에서 불필요한 것을 덜어내고, 남은 것만으로 기능과 아름다움을 모두 갖추려는 시도였다. 더하는 것보다 빼는 게 훨씬 어려운 법. 그럼에도 생활에 꼭 필요한 것만 남기겠다는 집념은 역설적으로 이토록 아름다운 물건을 만들어냈다. 이곳의 사물들에는 그런 절제의 취향이 배어 있고, 그래서 모든 것이 마치 처음부터 그 자리에 있어야 했던 것처럼 주변과 자연스럽게 어울린다.

음악도 마찬가지였다. 빛과 사물이 공간과 조화를 이루듯, 음악 역시 최소한의 표현으로 깊고 긴 울림을 만들어낸다. 만약 당신의 집이 바우하우스 스타일로 꾸며져 있다면, 그 벽엔 분명 ECM 레이블의 앨범아트가 잘 어울릴 것이다. '침묵 다음으로 아름다운 소리(The Most Beautiful Sound Next to Silence)'라는 슬로건으로 유명한 ECM은 북극해처럼 투명하고 차분한 사운드를 추구한다. 이 레이블은 재즈를 기반으로 한 연주 음악을 담아왔고, 아릴드 안데르센, 테르예 립달, 보보 스텐손 같은 북유럽 음악가들의 명반들을 탄생시켰다. 뜨거운 흑인 음악을, 차가운 북극 아래 사는 이들이 연주한다니. 어떻게 이런 모순이 가능했을까.

재즈는 본디 자유를 향한 음악이었다. 블루스에서 비밥이 나왔고, 쿨재즈는 그 반대편에서 차분한 백인의 정서를 품었다. 물과 기름처럼 섞일 수 없는 출신 성분을 안팎에서 서로 밀고 당기며, 재즈는 기꺼이 충돌해 왔다. 혼돈의 뉴욕을 떠나 대서양을 건너 암스테르담에 이르렀을 때, 재즈는 마침내 흑백의 경계가 지워진 새로운 소리가 되었다. ECM은 그렇게 좌초된 재즈의 잔해를 조용히 수집해 침묵에 가까운 상태로 다듬었다. 흑과백, 안과 밖의 구분이 흐려지는 경계에서 '유러피언 재즈'가 태어났다. 새로울 것도 낯설 것도 없이, 그저 불필요한 것을 벗겨낸 자리에 남은 가장 순수한 자유. 그래서 그들의 음악은 결코목소리를 높이는 법이 없다. 즉흥연주일지라도 마치 쉼표 하나, 잔향 하나까지 계산된 듯 절제된 소리를 들려주지만, 그만큼 밀도 높은 여백으로 듣는 이를 오래 머물게 한다. 그 정서는 어쩌면 형태의 균형만을 남겨낸 바실리 체어와도 닮아 있고, 빛에 대한 철학과도 닮아 있다.

어떤 말보다도 더 많은 것을 전하는 침묵의 음악. 설명하지않고, 대신 함께 머무는 방식. 미니멀리즘은 그래서 혁신이 되었다. 가장 단순한 방식으로, 가장 오래 남는 울림을 만들어내는 것.

*

북유럽의 겨울은 생존의 계절이었다. 오후 세 시면 어둠이 내려앉고 사람들은 긴 실내의 고요를 준비했다. 집 안에는 자연을닮은 물건들만 남았다. 오래 두어도 질리지 않는 것, 쓸모 있으면서도 과하지 않은 것. 그렇게 비워진 공간에 이른 오후의 촛불이 켜졌다. 밤을 몰아내기보단 함께 머물기 위한 빛이었다. 그러니 미니멀리즘이란 단순한 멋이나 취향이 아니라 긴 겨울을 견디기 위한 가장 지혜로운 방법이었다. 무엇을 덜어내야 더 오래 함께할 수 있을지를 고민한 삶의 태도 덕분에 가구도, 음악도 만들어질 수 있었다.

스칸디나비아 언어로 '노래하다'를 뜻하는 '라우라(Laura)'에는 노래와 주술이라는 의미가 함께 담겨있다고 한다. 아마도 그들은 춥고 긴 겨울을 보내는 동안 촛불 아래서 자신과 가족의 삶을 지키기 위해 기도했을 것이다. 그들의 기도는 노래가 되었다. 민하가 태어나던 날, 아이에게 들려준 북유럽의 차가운 선율도 어쩌면 그런 기도에 가까웠는지 모르겠다. 긴 겨울이 오더라도 이 아이가 잘 견뎌주기를 바라는 마음. 노르웨이를 여행하고서야 비로소 보보 스텐손의 음악이, 비킹구르 올라프손의 음악이 이해되었다.

여행 이후로 나는 줄곧 누군가에게 공간을 내어주는 소리이고 싶어졌다. 말을 건네기보다 곁에 머무는 음악. 가장자리에 조용히 내려앉는 빛처럼, 그저 침묵 다음으로 아름다운 소리가 되고 싶다고. 그 소리가 누군가의 겨울을 함께 견뎌줄 수 있다면, 나는 그걸로 충분하다.

오슬로의 이상한 밤:
북유럽 여행기 2

우연히 한 영화를 보았다. 제목은 '오드 호텐(O' Horten)'. 우리나라에선 〈오슬로의 이상한 밤〉이라는 이름으로 개봉했지만, 전국에서 몇 천 명 남짓만 본, 조용히 사라진 영화다. 나처럼 북유럽에 대한 이상한 환상을 가진 사람들만 봤을 법한, 그런 영화.

이야기는 은퇴를 하루 앞둔 노인의 낯선 밤을 따라간다. 주인공 오드 호텐은 40년 동안 오슬로와 베르겐을 오가며 기차를 운전해온 기관사다. 시간에 철저하고, 취미도, 가족도, 일탈도 없이 살아온 사람. 그런데 은퇴 전날 밤, 그의 단단한 일상이 하나씩 무너지기 시작한다. 아이에게 동화를 읽어주다 외박을 하고, 수영장에선 알몸으로 수영하는 커플을 피해 도망치다 하이힐을

신은 채 거리로 나온다. 외교관을 자처하는 괴짜 노인을 만나고, 그가 옆자리에서 아무 말 없이 죽는 장면까지. 맥락 없이 기묘한 사건들이 꼬리에 꼬리를 문다.

극장에서 봤다면 분명 중간에 나가버렸을 이상한 블랙코미디였지만, 묘하게 마음을 붙드는 순간도 있었다. 이를 테면 괴짜 노인이 소중히 간직한 운석을 들어 보이며 말하는 장면.

"47억 년 전 시작된 이 돌의 여행은 아직 끝나지 않았어요."

감독은 짧은 아포리즘이 낯뜨거웠는지, 아니면 너무 충분했는지, 그 순간 노인을 가차없이 죽여 버린다. 사실 그 장면이야말로 영화의 모든 것이 응축된 순간이었다. 영화는 오드 호텐이 마지막 운행을 마치고 처음으로 궤도를 벗어나는 장면에서 끝난다. 철로 위에서 일생을 살아온 사람이, 처음으로 그 바깥에 발을 디디는 순간. 그의 표정이 살짝 흔들리고 카메라는 주인공의 얼굴을 천천히 클로즈업한다. 더 이상 이어지는 장면도, 해설도 없다. 설마 영화가 끝난 건가 하는 순간에 정말로 끝나버린 영화. 어쩌면 감독은 거기서부터 진짜 이야기가 시작된다고 말하고 싶었던 걸지도.

"자 알겠지? 지금부터는 네가 마음대로 생각해 봐."

*

영화는 그다지 인상적이지 않았지만, 주인공이 몰던 베르겐행 열차의 풍경은 오래도록 마음에 남았다. 세계에서 가장 아름다운 철도 노선이라지만, 내 눈엔 설원의 피오르를 고요히 달리는 그 기차가 '재미없어 보이는' 북유럽의 정서와 꼭 닮아보였던 까닭이다. 언젠가 저 기차를 꼭 타보리라 다짐했었고, 몇 해 뒤 나는 정말로 그 겨울열차에 오를 수 있었다.

베르겐으로 향하는 열차는 오전 10시에 출발했다. 여정은 대략 여섯 시간. 내심 영화 속처럼 삭막한 분위기를 기대했지만, 객실 안은 의외로 따뜻하고 조용했다. 갓 내린 커피를 파는 카페 칸이 있었고, 그곳엔 작은 베이커리도 함께 있었다. 사람들은 풍경을 바라보거나, 책을 읽거나, 조용히 대화를 나누며 각자의 목적지로 향했다. 열차는 오슬로 인근의 주요 역을 지나, 시골 마을의 작은 간이역에 자주 멈춰 섰다. 대부분 플랫폼도 없이 철로와 맞닿은 조용한 역이었다. 나는 겨울 풍경보다 사람들의 얼굴에 더 오래 시선을 두었다. 기차에 오르거나, 누군가를 배웅하는 이들의 표정이 창 너머로 또렷하게 다가왔기 때문이다.

피오르 초입, 골(GOL)이라는 작은 역에 열차가 멈췄다. 험한 산세도 산세지만, 이 마을에 과연 몇 명이나 살까 싶을 만큼 작고 조용했다. 타는 사람도 내리는 사람도 없길래 그냥 잠시 정차한 줄 알았는데, 눈밭을 가르며 SUV 한 대가 거칠게 들어섰다. 조수석에서 청년이 내리고, 곧이어 뒷자리에서 동생으로 보이는 아이가 스키 장비를 낑낑대며 건넨다. 청년은 헐레벌떡 열차에 오르고, 가족들은 제시간에 기차를 태운 게 신기했는지 연신 깔깔 웃으며 손을 흔든다.

조금 뒤 정차한 역은 알(Al). 말라뮤트 한 마리를 데리고 온 여자가 눈밭 위를 힘겹게 걷고 있었다. 개는 주인보다 앞서가며 눈 속을 정신없이 헤집었다. 반대편에서 한 남자가 막 열차에서 내린 듯했다. 여자가 목줄을 풀자 개는 곧장 그의 품에 안겨 눈밭을 뒹굴었다. 손바닥 만한 혓바닥으로 남자의 얼굴을 핥고, 두 연인 주변을 빙빙 돌며 긴 기다림을 털어냈다. 그러고는 타고 온 자동차 옆에 서서 얼른 오라는 듯 크게 짖었다.

창밖은 여전히 녹지 않은 눈으로 뒤덮여 있었다. 인적도 드문 나라에서, 모든 풍경이 하얗게 잠기자 눈에 들어오는 건 몇 안 되는 사람들의 선명한 표정이었다. 누군가를 떠나보내며, 맞이하며 손을 흔들던 사람들. 지나온 역마다 스쳐간 이들의 얼굴엔 기쁨과 아쉬움이 모두 포개져 있었다. 아무도 오지 않을 것 같은 산골 마을에도 여전히 누군가를 기다리는 사람이 있었다.

*

영화의 엔딩 직전, 호텐은 운전석이 아닌 객실에 앉아 있다. 처음으로 그는 철로 위를 달리는 승객이 되었고, 처음으로 고개를 돌려 창밖을 바라본다. 늘 앞만 보던 적막한 운전석이 아니라 누군가를 맞이하고 떠나보내는 창문. 그곳을 통해 그가 수만 번도 더 실어날랐을 사람들의 표정을 비로소 발견하지 않았을까.

삶의 궤도를 벗어난다는 건 낯설고, 때론 불안하다. 그러나 영화는 말한다. 그곳에서 다시 새로운 시간이 시작된다고. 47억 년 전 시작된 돌의 여행처럼 호텐의 이상한 밤은 어쩌면 그에게 허락된 축복이었을 거다. 늘 같은 풍경, 반복되던 시간 속에서 그는 마침내 멈춰 섰고, 멈춘 자리에서 오래 잊고 있던 질문을 떠올렸다. 무얼 좋아했는지, 무엇을 미뤄두었는지, 그리고 이제 무엇을 해야 하는지. 그렇게 삶은 다시 시작된다. 벗어나든, 밀려나든, 그건 모두 나중의 일이다.

열차는 정시에 베르겐에 도착했다. 플랫폼에서 나는 기관사를 보기 위해 앞 칸으로 달려갔지만 마주치진 못했다. 어둑해진 베르겐의 공기는 낯설었고, 그래서 조금 설렜다. 아무것도 정해둔 것이 없지만, 그만큼 가능한 것들로 가득한 오후였다.

북극의 별:
북유럽 여행기 3

1996년, 내가 열세 살이던 시절, '하쿠타케'라는 이름의 혜성이 우리나라 상공을 지나간 적이 있다. 취미용 망원경으로도 관측할 수 있을 만큼 가까웠기에 우주를 좋아하는 사람들 사이에선 큰 화제가 되었다. 나는 며칠 동안 신문을 뒤적이며 혜성에 대한 정보를 모았고, 그걸 글로 써서 과학백일장에 낼 요량이었다. 그 모습을 지켜보던 아버지가 어느 날 시내에 다녀오시더니 망원경 하나를 내게 건넸다. 마치 전장에서 야간 정찰에 쓰였을 법한, 묵직하고 쇳덩이 냄새 가득한 소련제 망원경이었다. 혜성이 가장 가까이 지나는 날, 아버지와 나는 그 망원경을 들고 옥상에 올랐다. 기대와 달리 하늘은 흐렸고 달빛도 뿌옇게 퍼져 있었다.

"오늘이 마지막 날인데. 이제 혜성은 못 보겠네."

풀이 죽어있던 나와 달리 아버지는 하늘 구석구석을 눈으로 열심히 뒤지고 있었다. 그러다 구름이 잠시 걷혔고, 아버지는 그 틈 사이로 희미하고 길게 늘어진 빛줄기 하나를 찾아냈다. 저 멀리, 하늘을 가로지르는 혜성이었다. 놀란 눈으로 숨을 멈추고 바라보는데, 난데없이 눈물이 터져 나왔다. 혜성이 그대로 추락해 지구 멸망의 날이 올 것도 아닌데, 나도 모르게 이상한 감정이 들었다. 관찰이 끝난 뒤, 나는 그날 느낀 알 수 없는 감정을 원고지에 휘갈기듯 적었다. 혜성이 왜 왔는지, 어디서 왔는지, 어떤 모습인지에 대한 내용은 모조리 빠져버린, 사실상 과학을 가장한 '밤하늘 감상문'에 가까웠지만 오히려 그게 문학적이었던 걸까. 나는 백일장에서 요즘으로 치면 최우수상인 장원을 차지했다.

그날 이후로 나는 하늘을 자주 올려다보았다. 가끔 인공위성을 찾아내거나 눈 깜짝할 새 지나가는 별똥별을 마주치는 행운을 누리기도 했다. 광활한 밤하늘은 늘 질문이 되어 돌아왔다. 저 거대한 우주에서 작은 점에 불과한 나는 누구인 걸까. 마치 혜성처럼 길게 꼬리를 물며 사라지지 않는 질문들이었다.

노르웨이의 최북단 도시 트롬쇠를 여행한 적이 있다. '북극의 관문'이라 불리는 이곳을 찾는 이유는 단 하나, 오로라 때문이다. 하늘에서 춤추는 신비한 초록 광선. 그 장엄한 풍경을 직접 마주하기 위해서 전 세계 사람들이 이곳을 찾는다. 트롬쇠는 북극 근처긴 하지만 그렇다고 아무데서나 오로라를 쉽게 볼 수 있는 건 아니다. 그래서 여행객들은 오로라가 나타날 확률이 가장 높은 곳을 꿰고 있는, 일명 '오로라 사냥꾼'이라 불리는 가이드에게 투어를 의뢰한다. 그들은 그날그날 날씨의 상황에 맞춰서 핀란드 국경 근처까지 이동하거나, 배를 타고 이동하면서 오로라를 찾아내는 전문가들이다.

나는 어쩐지 그런 투어에 반감이 들었다. 북극의 청정지역까지 와서 상업주의에 찌든 단체 투어를 신청하는 게 못내 불편했고, 가이드들이 샘플이라고 보여주는 오로라 인증샷들은 하나같이 합성사진처럼 별로였다. 결국 나는 이런저런 핑계를 대며 '뚜벅이'를 선택했다. 산 중턱쯤만 가도 불빛이 없는데, 멀어봐야 5킬로미터 정도인데, 아무리 북극이라고 해도 그 정도는 쉽게 걸을 수 있을 거라 멋대로 생각했다.

"어차피 빛은 1초에 지구를 일곱 바퀴 반이나 돌 테니, 20노트짜리 유람선이나 시속 80킬로미터짜리 승합차나 어차피 다 고만고만한 거 아니야?"

나는 이런 요상한 고집을 부렸고, 결국 서울에서 거의 1만 킬
로미터 떨어진 북극의 문턱까지 가놓고도 오로라를 만나지 못
했다. 아무리 산길을 걸어도, 머리 위 커다란 먹구름 밖으로 빠
져나올 수 없었으니까. '광원의 위치보다 관측조건이 중요합니
다.' 중학교 지구과학 시간에 졸지만 않았어도, 계절별 별자리를
익힐 때 땅따먹기 그림만 그리지 않았어도 충분히 알았을 내용.
무모한 선택이었지만 결과적으로 나는 이 산행이 나쁘지 않았
다. 평생 가보지 못할 트롬쇠 시골 마을 집들을 지나쳤고, 하늘
을 찌를 듯 솟은 나무들로 가득한, 진짜 '노르웨이의 숲'도 볼 수
있었으니까.

나홀로 투어의 마지막 날, 섬의 북쪽 끝 마을을 따라 걷던 중
이었다. 한 시간쯤 걸었을 때 마을도 불빛도 모두 사라지고, 어
둠만 가득한 숲이 나왔다. 사방이 고요해서 눈을 밟는 '뽀드득'
소리도 아주 멀리까지 퍼져 나갔다. 숲의 중부로 들어서자 20미
터는 족히 넘을 듯한 나무들이 병풍처럼 둘러섰고, 멀리서 흐르
는 물소리와 짐승의 울음소리가 이따금씩 들려왔다.

불빛 하나 없는 숲. 눈을 감은 것과 다를 바 없는 그 어둠 속
에서 나는 이상하리만치 두렵지 않았다. 오히려 마음이 점점 차

분해졌고, 공포가 아닌 고요한 감정이 밀려왔다. 숲이 나를 품어준다는 느낌마저 들었다. 조금 더 걷자, 작은 터널 같은 샛길이 나왔다. 잠깐 망설이다가 나는 가지를 헤치며 그 안으로 들어섰다. 거대한 나무들이 둥글게 둘러선 중정 같은 빈 터가 모습을 드러냈다. 그 순간, 내내 머리 위를 덮고 있던 먹구름이 빠르게 흩어졌고 하늘에는 어둠보다 깊은 우주가 펼쳐졌다. 머리 위에서 북극의 별들이 금방이라도 와르르 쏟아질 듯 눈부시게 빛나고 있었다. 저 구름 너머에 이토록 많은 별들이 숨어 있었을 줄이야. 제아무리 오로라라 해도 저 별들보다 더 아름다울 수 있을까. 나도 모르게 알 수 없는 눈물이 흘렀고, 곧 뺨에서 얼어붙었다.

*

북극의 숲 한가운데에서 나는 30년 전의 옥상을 떠올렸다. 처음으로 별을 올려다봤던 그 밤, '경이롭다'는 감정을 온몸으로 배웠던 그 장소. 그로부터 오랜 시간이 흘렀고, 도시에 익숙해진 나는 고개를 드는 일조차 쉽지 않은 사람이 되어 있었다. 밤새도록 타닥거리는 거리의 네온처럼 그저 스스로를 밝히고, 견디며 살았다. 너무 바빠서, 너무 지쳐서. 수만 가지 이유를 대지만 사실은 하늘을 바라볼 용기가 없었던 건 아니었을까.

어쩌면 그날 하늘이 정말로 내게 말을 걸었는지도 모른다. 상상해 보시라. 저 높고 차가운 우주를 넘어, 지금도 끝없이 팽창하는 공간을 건너와, 이 땅으로 내려온 한 줄기의 별빛을. 하필이면 그게 누군가의 가장 외로운 날에 도착한 빛이라면. 어쩌면 우주의 시간에선 이미 소멸되었을지 모를 그 별이, 그럼에도 누군가의 머리 위에 머물기로 작정했다면. 그저 너는 고개를 들어 나를 바라보기만 하면 된다고 속삭인다면. 그게 이미 기적이 아니고 뭘까. (이과생은 그냥 넘어가세요.)

때론 고요한 우주만으로도 교향곡보다 극적인 밤이 있다. 내가 사랑하는 밤하늘의 노래들, 이를테면 반 고흐가 생각나는 〈Vincent〉도, 별밤의 문을 열던 〈Merci, Chérie〉도 그 밤을 다 담아내지는 못했을 것이다. 내 안의 어떤 두려움보다 훨씬 더 크고 깊었던, 그 숲속의 경이를, 그 안으로 걸어 들어가던 무모한 용기를 품고 산다. 보이지 않는 낭떠러지를 향해 발을 내딛어도 괜찮을 거라는 믿음으로. 춤추듯 소란스러운 오로라는 없었지만, 분명 북극의 하늘은 나에게 말하고 있었다. 30년 전, 아버지와 함께 별을 본 그날처럼, 나는 언제나 그곳에 있었다고.

5 ———————————— 숨 쉬는
오늘

나는

마음이 답답할 때는 혼자 볼 요량으로 글을 쓰곤 한다. 누가 볼 것도 아닌데 괜히 암호도 걸어둔다. 대체로 쓸모없는 글이라 대개는 시간이 지나면 열어보지도 않고 휴지통으로 향한다. 그러다 가끔 무슨 괴상한 이야기를 써놨을까 싶어 심호흡을 하고 조심스레 열어볼 때가 있는데, 읽다 보면 늘 충격을 받는다. 생각보다 글이 괜찮아서. 분명히 그때는 말도 안 되는 소리를 싸질러 놓았다고 생각했는데, 시간이 조금만 지나면 꽤 재밌게 읽힌다. 생각과 감정이 여과 없이 날것 그대로 담겨서 그렇다. 이런 걸 일기라고 하던가? 마음을 진실하게 담아내는 것이 일기라면, 매일은 힘들어도 '주기' 혹은 '월기'라도 써야겠다 다짐한다. (매년 이렇게 생각했었다.)

"지금까지 음악을 해 오며 가장 후회되는 게 있나요?"

한 매체와 인터뷰를 하며 들었던 여러 질문 중에서 유독 이 문장이 내 마음으로 파고들었다. 나는 잠시 머뭇거리다 대답했다.

"시간을 놓쳐버린 것 같아요. 너무 주저했나 봐요."

음악을 처음 시작할 때, 나는 늘 어디에도 도달하지 못한 사람처럼 굴었다. 오늘의 내가 늘 못마땅했다. 그래서 오늘의 이야기를 내일로 미뤘다. 내일이면 좀 더 나아질 거라 믿었을까. 하지만 시간이 지나도 변하는 건 없었다. 내일이 오면, 나는 다시 그 다음 내일을 기다렸다. 따라잡을 수 없는 자신의 그림자를 쫓는 사람처럼.

오늘을 충분히 살아내지 못한 자에게 주어지는 형벌은 후회다. 영원히 닿지 않는 내일과 어제의 탄식을 엮어 만든 그물. 그 속에 갇히면 아무리 몸부림쳐도 벗어날 수 없다. 사실은 존재하지 않는 허상인데도 허우적거리며 낚여버린다. 후회의 그물을 끊어내지 않는 자에게 더 나은 내일은 오지 않는다. 더 가혹한 건, 매일 어제의 그물을 끊어낼 기회가 주어지는 데도 다시 오늘의 그물을 만들고 내일을 맞이한다는 것.

*

　5년 전 신사동 작업실, 어느 늦은 새벽이었다. 다음 날 앨범을 녹음해야 하는데 딱 한 곡이 모자랐다. 마지막 트랙은 모두가 인정할 만한 대단한 곡을 쓰고 싶었다. 밤새 머리를 쥐어짜며 그려냈지만 한숨 자고 일어나 들어 보니 첫 소절도 듣지 못할 만큼 조악했다. 다시 만들자니 시간도 없고, 결국 피아노 앞에 엎어져 소리를 바락바락 질러댔다. 몇 시간 뒤면 녹음이니 뭐라도 해야 한다는 생각에 넋두리 하듯 몇 소절을 뚱땅거리다가, 대충 떠오른 멜로디를 건져 올렸다. 꾸역꾸역 트랙을 채웠고 그 곡에 '나는'이라는 제목을 붙인 다음 봉인해 버렸다. 나는, 그렇게 잊혀졌다.

　몇 년이 지나 어느 기획자와 대화하던 중 그가 내게 이런 말을 건넸다.

　"생각보다 작품 활동이 뜸하신 것 같아요. 어떤 시절을 보내고 나면 그 시간의 음악도 사라지는 것 같더라고요. 시간이 흐르면 생각도 변하니까 두려워하지 말고 그 과정을 담아내는 것도 중요한 것 같아요."

　집으로 가는 동안 가만히 그 말을 곱씹었다. 그때 문득 잊고 있었던 〈나는〉이라는 노래가 떠올랐다. 오랫동안 봉인해 두었던 곡. 다시 듣는다면 어떤 느낌일지 궁금했다. 음악이 시작되자 내가 노래하고 있다는 걸 단번에 알아차렸다. 단조로운 피아노 선율뿐인데도 내 마음은 여러 갈래의 가사를 흘려내고 있었다. 버둥거리던 그때의 애달팠던 마음이 어째서 아름답게 느껴지는 걸까. 몇 년 동안 음악이 스스로 발효된 것도 아닐 텐데, 이렇게 다를 수 있다니. 한 소절 못 적었다고 피아노 뚜껑에 머리를 쾅쾅 박아대던 그 순수한 시절의 마음이 이어폰 너머로 전해졌다. 그날 음악에 담긴 건 좌절이 아니었다. 닿을 수 없는 내일만 그리며 불평하던 날들조차 사실은 돌아오지 않는 멋진 시간이었다는 것을. 두 손 들고 항복하듯 꺼내놓은 음악이야말로 가장 솔직한 마음이었다는 것을. 나는, 내게 들려주었다.

*

시간이 없다면 시작될 수 없었던 모든 이야기들을 사랑한다. 원망하며 시들어 버린 마음을 땅에 묻었더니 후회의 겨울을 몇 차례 지나 새싹이 자라났다는 이야기들. 내일이 되어서야 오늘의 소중함을 알 듯 언제나 중요한 건 뒤늦게 알아차리는 법이니까. 그래서 음악의 시간은 늘 신비롭다. 앞서거니 뒤서거니 하며 주고받는 마음들이 있으니 말이다. 다시 궁금해진다. 한참이 지난 뒤 오늘은 또 어떤 날로 기억될까.

아름답게 피어나

　불과 십년 전인데도 참 아득하다. 그 시절의 나를 만난다면 한걸음에 달려가 안아주고 싶다. 잔소리도 좀 해가면서. 이건 이렇고 저건 저러니 사리분별도 잘하고 사람도 살펴가며 만나라고. 여기저기 휩쓸리다 나 자신을 잃지 말라고 말해주고 싶다. 잘하고 있으니 너무 괴로워 말라고 토닥이면서. 언젠가 나도 모를 어느 곳에 닿게 될 거라고.

　가곡 〈꽃 피는 날〉에는 그 당시 매일 같이 차오르던 여러 마음이 곳곳에 녹아 있다. 눈에 보이는 것도 손에 잡히는 것도 없던 시절이었다. '아르떼 TV'라는, 지금은 사라진 케이블 방송국이 있었다. 그곳에서 신인 아티스트를 위한 공연 프로그램 출연을 제안 받은 적이 있다. 나는 공연을 위해 날마다 밤을 새며 다섯 개의 새로운 곡을 썼고 맨 마지막으로 쓰게 된 곡이 〈꽃 피는 날〉이었다. 가사를 쓴 곳은 공연 몇 주 전 예비군 훈련장, 때는 겨울의 문턱이었다. 훈련대기 중에 나는 그늘과 햇빛의 경계에 쭈그리고 있었다. 녹슨 철제 기둥 밑, 하루 종일 해가 들지 않는 그곳에 이름 모를 풀이 보였다. 어린 시절, 슬레이트 지붕 아래 마당에서 자주 본 풀이었다. 그 사소한 만남으로 시간과 기억이 뒤엉키기 시작했다. 나는 주머니에 있던 작은 메모장을 꺼내 휘갈기듯 글을 써내려갔다. 과거와 현재, 그리고 아직은 닿을 수 없는 먼 훗날이 연결되면서 시간이 뒤엉켜버린, 나조차도 뭘 말하는지 이해할 수 없는 가사를 정신없이 적었다. 그렇게 훈련장을 빠져나와 곧바로 연습실로 달려갔고 두어 시간 만에 곡을 완성해 버렸다.

꽃 피는 날

정환호 작사/작곡

홀로 있는 밤 시린 공기가
모퉁이 구석진 곳 차갑게 스밀 때
흔적도 없는 빛바랜 그곳에
잠시 기대어 생각을 해 본다
난 가끔씩 그려 보았네
그리움을 뱉어낸 뒤에 꿈꾸는 날들
난 가끔씩 꿈꿔 보았네

차가운 가슴 뛰게 하는 바랬던 날들

지쳐있던 나를 일으켜
차갑고 깊은 바다 먼 곳에서
거센 파도와 차가운 바람과
시린 한숨들이 입가에 맺힐 때
내 마음에 위로가 되어
잊혀진 기억 초라한 그 곳에
작고 하얗게 피어난 꽃처럼
아름다운 날 숨 쉬는 오늘이

아름답게
아름답게 피어나

사람은 자신이 노래하는 대로 살아간다. 이 곡을 통해 나는
노래의 힘을 생생하게 체험했고, 또 음악이 얼마나 집요하게 나
를 쫓아왔는지 깨달았다. 가사에 드러난 것처럼 지쳐 넘어지는
순간마다 멱살을 잡고 나를 일으켜 세운 곡이다. 이 곡을 처음
만든 순간이 그러했고, 이후에도 음악가로 사는 것이 버겁다 느
껴질 때마다 선물처럼 새로운 길을 열어주곤 했다.

*

    사실 처음에는 곡을 알려야겠다는 생각도 하지 않았다. 녹음 연주가 끝난 뒤 영상을 블로그에 올렸더니, 누군가 악보를 요청했다. 그때까지 나는 악보를 제대로 그릴 줄 몰랐다. 코드 몇 개, 멜로디 몇 마디가 뒤섞인, 나만 알아볼 수 있는 낙서 같은 악보일 뿐이었다. 그대로 건네기엔 미안해서 그 일을 핑계 삼아 악보 그리는 법을 배웠고, 한 해가 지나서야 〈꽃 피는 날〉 악보가 세상에 나왔다.

    이 악보는 내가 뿌린 씨앗이었다. 나는 누구나 이 노래를 연주하고 부르길 바랐다. 그러자 신기하게도 사람들이 악보를 받아가기 시작했고 여기저기서 연주를 하기 시작했다. 어딘가에선 '한국가곡'으로 소개되는가 하면, 또 누군가는 이게 가요지 어떻게 가곡이냐며, 이건 가곡이 될 수 없다고 서로 저마다의 목소리를 더했다. 그런가하면 누군가는 이 곡을 '시'로 분석하거나, 영어로 번역을 하면서 시제의 엇갈림에 관한 의도를 묻는 이들도 있었다. 이 모든 과정을 지켜보는 건 재미있는 일이었다. 내가 말한 게 무엇이었는지 스스로 해석하는 데도 참 오랜 시간이 걸렸다. 분명한 건 이 곡이 살아 있었다는 것이다. 사람들의 입에 오르내리며 구전되는 (혹은 와전되는) 전래동요처럼 노래는 스스로 생명력을 갖고 퍼져나갔다. 나는 이 악보가, 노래가 퍼져나가는 것을 가만히 지켜보기로 했다.

곡을 만들고 5년쯤 지났을 때는 한 방송국에서 〈꽃 피는 날〉을 경연곡으로 쓰고 싶다며 연락해 왔다. 비록 이 곡을 선택한 팀은 그날 경연에서 패배했지만 게시판 분위기는 달랐다. 내 노래로 위로를 받았다는 글이 잔뜩 올라왔다. 그때 분명하게 깨달았다. 이 노래 안에 내가 알지 못했던 힘이 있다는 것을.

허공에 뱉어낸 어제의 노래는 긴 시간을 넘어 오늘 내 마음에 위로가 된다. 내면의 거친 파도는 조금 잔잔해졌으며, 한숨으로 새벽을 지새우는 날도 줄어들었다. 스스로 초라하다 여겼던 그곳엔 이미 작고 하얀 꽃이 피어 있었다. 노래는 과거와 현재를 넘어 내 삶을 통해 실재가 되었다. 우연히 기침하듯 툭 뱉어낸 곡이 오랫동안 사랑받는다는 건 신기한 일이다. 인생에서 일어나는 놀라운 일들은 대부분 운의 영역이다. 이 노래 역시 마찬가지다. 그저 어떤 순간에 나에게 이 곡을 쓸 수 있는 시간이 선물처럼 다가온 것뿐이라고.

*

어린 시절, 슬레이트 지붕 밑 마당엔 늘 빛과 그늘의 경계가 있었다. 그곳에서 갈라진 콘트리트 틈새에 있는 작은 이끼를 자주 바라보았다. 시간이 흘러 그 사소했던 풍경은 내게 큰 깨달음을 주었다. 갈라진 틈새에 핀 들풀 같은 존재일지라도, 그것을 키워내려는 누군가의 손길이 있을 것이라고. 나를 향한 포기하지 않는 사랑이 있을 것이라고. 삶의 굽이마다 나를 집요하게 따라다니며 때마다 비를 내리고 퇴비를 뿌리는 손길. 그리하여 끝내 꽃을 피워내게 만드는 손. 그 보이지 않는 손이 지쳐있던 나를 일으켜 세웠다.

꽃을 피워준 이들을 떠올려 본다. 이름난 가수들에게 감사한다. 노래를 꿈꾸는 아마추어 합창단, 힘겹게 겨우 고음을 내지만 듣고 있으면 눈물이 날 것 같은 어느 할아버지의 노래에 귀를 기울여 본다. 칼림바와 오카리나 동호회를 위해 악보를 제작한 이들, 시각장애인을 위해 점자악보를 만들어준 이들에게 감사를 전한다. 노래의 꽃을 틔워준 크고 작은 모든 마음들에게. 나를 일으킨 그 손길이 다른 누군가에게도 머물 것이라 믿는다.

무럭무럭 자라난 노래는 이제 스스로 걷는 중이다. 〈꽃 피는 날〉이 수록된 조수미 선생님의 음반은 2022년 12월 6일에 발매되었다. 이 곡이 첫 무대에 오른 지 정확히 10년째 되는 날이었다. 그래서 이 정도면 그럭저럭 어른이 되었다고 농담 삼아 이야기한다. 하나의 꽃을 피웠으니 이제 다음 꽃을 품어낼 시간이다. 아직도 내 갈라진 틈에는 많은 풀들이 자라고 있다.

몇 번의 계절이 남았을까

팬데믹이 한창이던 2021년 8월의 마지막 날이었다. 웬일로 이른 새벽에 눈을 떴다. 거실 창문을 여는데 코끝으로 서늘한 바람이 불어온다. 뜨거운 기운이 한풀 꺾인 걸 보니 이건 분명 가을의 냄새다. 계절의 미세한 변화가 마음에 스며들면서, 나도 모르게 중얼거렸다.

'아! 가을이여'

이토록 난데없고 식상한 감탄사라니. 기왕 내뱉은 김에 이걸 가사 삼아 노래를 만들어보는 상상을 해 본다. 트로트인가 포크 송인가. 아니면 가곡인가? 그럼 성인가곡이라고 이름 붙여 보면 어떨까. 문장하나 떠올렸을 뿐인데 나는 이미 경기도 외곽, 호수 경치가 보이는, 땅값 적당한 건물 2층에서 뮤직카페를 운영하는 60대 삼촌이 되어 있었다. 오는 손님마다 말을 걸며 자식 자랑을 빼놓지 않는 아저씨. 쉬는 시간에는 키보드를 연주하며 비장한 목소리로 포크송을 부르며 유튜브에 열심히 자기 노래를 퍼나르는 성실한 사람.

"그나저나 아직 성인가요를 만들 나이는 아닌데."
"요즘 트로트는 예술이잖아. 전향 한번 해 보지 그래?"

새벽 시간 졸린 자아와의 쓸모없는 대화는 그렇게 마무리 되었다. 잠이 더 깨기 전에 오선지 노트를 꺼내어 생각난 멜로디를 대충 적어두려는데 애초부터 구성이 잘못됐다. '아!'라는 감탄사와 '가을'이라는 보통명사의 상투적인 조합 때문에 더 이상의 전개가 불가능했다. 뭘 더 붙여 봐야 뻔한 노래만 나오겠지. 그럼에도 불구하고, 이 멜로디를 적어둔 이유는 딱 하나였다. 의식하지 않고 튀어나온 말은 대체로 진심인 경우가 많기 때문이다. 지금은 이게 뭔지 몰라도, 분명 내뱉은 데는 이유가 있을 테니까. 더 이상의 단서는 찾지 못했지만, 나는 분명 어떤 이야기가 있을 거라 생각하고 오선지를 잠시 덮어두었다.

그로부터 며칠 뒤. 병원에서 코로나 바이러스 백신을 맞는데 다음날부터 온몸의 느낌이 이상했다. 숨이 차고 심장도 찌릿하고, 왼쪽 다리도 저려온다. 말로만 듣던 백신 부작용이었다. 덜

컥 겁이 났다. 그리고 이상하게도 그날 미완의 멜로디가 튀어나왔다.

'아 가을이여, 몇 번의 계절이 나에게 남았을까?'

(혹시 모를) 죽음을 염려하는 순간, 못다 그린 악보 한 구절이 떠오르다니. 몇 번의 계절이 나에게 남았냐고? 대체 그게 왜 궁금한 건데? 블랙코미디 같은 순간이었지만 나는 진지했다. 남은 계절을 묻는 그 질문이 허무나 공포에서 비롯된 것이 아님을 직감했다. 이상하리만큼 낯설고 담담한 감정이었다. 머릿속에서 몇 번의 계절을 보낸 끝에 나는 납득할 만한 결론에 도달했다.

'누군가를 남겨두고 세상을 떠난다면?'

알 수 없던 내 감정의 중심에는 내가 아닌 다른 존재들이 있었다. 죽음이 두려웠다기보다, 누군가를 남겨두고 떠나는 일이 두려웠나 보다. 늘 가을을 쓸쓸해 하던, 바람처럼 왔다가 바람처럼 가겠다던, 온통 자기연민으로 가득 차버린 삶에 드디어 타자가 비집고 들어온 거다. 갓 태어난 생명 앞에서 하찮은 예술가의 멜랑콜리 따위는 아무런 쓸모가 없었다. 나는 아이와 함께한 계절을 떠올리며 다시 곡을 쓰기 시작했다. 함께 걷던 숲길, 청초한 풀냄새와 저녁 공기, 산책길을 가로지르던 귀뚜라미, 그리고 그 모습을 신기하게 쳐다보는 아이의 시선. 풀벌레 소리를 따라 고개를 두리번거리는 모습까지, 나는 한숨에 그 모든 풍경을 멜로디로 옮겼다.

이듬해 가을이 찾아왔을 때, 나는 비로소 이 노래가 조금씩 이해되기 시작했다. 아무 생각 없이 적은 줄 알았던 가사들은 사실 일 년 먼저 도착한 것들이었다. 풀지 못한 퍼즐처럼 빈칸으로 두었던 몇 개의 단어와 멜로디가 이번엔 제자리를 찾아왔다. 선율엔 가을바람이 불었고, 흑백의 풍경에는 수채화처럼 색이 번졌다. 그렇게 한 계절이 지나, 마침내 내 앞에 〈가을〉이 찾아왔다.

가을

정환호 작사/작곡

어느새 높아진 하늘에 살근한 바람이
해질녘 풀숲에 내릴 때
저만치 마중 나온 귀뚜라미 소리에
보고픈 얼굴이 떠올라

불어오는 곳엔, 네가 있던 풍경
그린 듯 마음에 닿을 때

아, 가을이여
아, 가을이여

몇 번의 계절이 나에게 남았을까
홀로 머무는 마음이여

모자란 듯 허전한 마음도
서늘히 스치는 바람에 날려

나도 이 계절을 닮아
그리운 사람이고 싶어라

막상 곡을 쓰고 나니 그 다음엔 뭘 해야 할지 몰랐다. 이렇게 아무 목적 없이 곡을 써본 건 처음이었으니까. 그렇다면 이제껏 해 보지 않은 방법으로 이 곡을 떠나보내 보자. 마치 바람을 타고 날아가는 코스모스 꽃잎처럼. 바람을 담은 가을의 꽃잎이 제자리를 찾아가길 바라며 나는 얼굴도 모르는 여러 가수들에게 곡을 보냈다. 노래는 멀리까지 날아갔고, 그해 가을이 끝나기 전 어느 독창회에서 초연되었으며, 이듬해 누군가의 음반에 담겨 제 모습으로 세상에 나올 수 있었다.

*

돌이켜보면 늘 그랬다. 똑똑하게 계산하고 써 내려간 노래는 목적지엔 정확히 도착했지만, 좀처럼 그곳을 벗어나지 못했다. 반면, '이게 대체 뭘까?' 하며 스스로 묻게 되는 노래들은 바람을 타고 멀리까지 날아갔다. 어느 늦여름 새벽, 계절도 모르고 불어온 가을바람은 어쩌면 질문보다 먼저 도착한 답이었을지도 모른다.

'그런데 정말 몇 번의 계절이 나에게 남았을까?'

슬픔도 허무도 아닌 질문을, 그저 아이처럼 정말 궁금한 질문을 해 본다. 내 삶에 진짜 가을이 찾아왔을 때 나는 어떻게 살아야 할까. 조금씩 소멸이 시작되는 계절에 사랑하는 이들과 잘 익어갈 수 있을까. 먼 훗날 내게 주어진 계절을 다 보내고 바람으로 사라진다 해도 그런 마음으로 살아간다면 허무하지 않겠지. 그때가 되어도 여전히 밝은 목소리로 '몇 번의 계절이 남았을까?' 해맑게 물어볼 수 있기를. 다만 그 질문이 두려움이 아닌 사랑의 시작이길 바란다. 비록 겨울의 문턱일지라도.

받는 용기

　서울에서 여수로 연주여행을 가는 길이었다. 공항에 내려 트렁크를 돌돌 끌면서 택시정류장으로 향하는데 길목이 온통 꽃밭이다. 분명 겨울에 출발했는데 한 시간도 안 되서 봄에 도착했다. 겨울외투와는 좀처럼 어울리지 않는 풍경. 걷다 말고 이름도 모를 꽃들을 바라보면서 멍하니 서 있는데 내 뒤로 사람들이 줄줄이 서기 시작한다. 민망한 마음에 자리를 비켜 건너편 버스정류장으로 향했다. 그래, 낯선 도시에선 차라리 택시보다 버스가 즐겁지. 동네 사람들 대화만큼 재밌는 게 없으니까. 고백하건대 주변의 이야기에 유독 귀를 기울이는 버릇이 있다. 원체 호기심이 많기도 하고 맥락 없는 대화들을 채집하다 보면 주워들은 풍월처럼 언젠가 쓸모 있어지는 날이 꼭 찾아오곤 하니까. 버스는 두어 명의 손님만 태우고 출발했다. 시내에 가까워오자 조용하던 버스가 북적거리기 시작했다. 내 뒤에 친구로 보이는 아주머니 두 분이 앉더니 다짜고짜 시작되는 스무고개.

"그 뭐댜?" / "뭐어?"

"그 있자녀!" 아파트 화단에 / "뭐어?"

"도라지 비슷항게, 그 뿌리 있는 거 뭐댜?" / "도라지?"

"아녀 도라지 맬고." / "그라믄 뭐댜?"

"그 김치랑 밀가루 부치는 거시기 있단디 뿌리 있어 가지고." / "뿌리? 뭐시 도라지?"

"아녀, 그 있자녀, 김치랑 밀가루랑 쪼물쪼물 해가지고 그 있자녜!" / "아, 그 뭐시데. 그려, 도라지 아녀!"

뿌리 있기로 치자면 마도 있고 우엉도 있고 고구마순도 있을 텐데 무조건 도라지라니. 이쯤 되면 도라지에 무슨 사연이라도 있는 게 아닐까. 서로 제 말만 하는데 대화가 묘하게 이어진다. 나는 점점 정답이 궁금해지기 시작했다. 곧 내려야 했지만, 정답을 알기 위해서라면 한 두 정거장쯤은 그냥 지나쳐도 괜찮았다.

두어 차례 실랑이 끝에 '거시기'의 정체가 드디어 밝혀졌다. 정답은 '민들레'. 싱거우면서도 고개를 갸우뚱하게 만드는 대답이었다. 아니, 진달래도 아니고 민들레를 뜯어먹는다고? 토끼도 아니고 설마 꽃을 통째로 먹는 건 아니겠지? 아니면 줄기?

뿌리? 게다가 아파트 화단이면 들쥐도 있고 가끔 강아지들이 볼일도 보던데. 아니 아주머니, 요즘은 옛날하고 달라서 아무거나 드시면 안된다고요.

생면부지 아주머니의 건강이 걱정될 무렵, 아주머니는 화단표 민들레전 레시피를 읊기 시작한다. 들어보니 핵심 재료는 꽃도 줄기도 아닌 이파리라고. 부침가루에 김치 송송 썰어 넣고, 민들레 이파리, 양파 조금 넣어서 기름 두른 프라이팬에 부쳐내는 평범한 부침개였다. 어쨌든 대화의 결론은, 이 맛있는 걸 혼자 먹을 수 없으니 이따 집에 가거든 같이 부쳐 먹자다. 그래, 맛있는 거 먹을 때 생각나는 사람이 진짜 친한 사람이라던데. 바싹하게 부쳐진 부침개 한 점을 간장에 찍어 입에 넣었을 때, 남편도 자식도 아닌 옆자리 친구 얼굴이 제일 먼저 떠올랐던 거다. '거시기 뭐더라'만 해도 찰떡 같이 알아듣는 사이. 민들레든 도라지든 뭐 어때요, 같이 먹자는데. 맛있으면 된 거지.

그나저나, 나중에 서울에 올라와 현지에서 귀동냥으로 들은 민들레전 레시피를 신기한 듯 떠들어댔더니 다들 한심하게 쳐다본다. 민들레 먹는 걸 나만 몰랐다니!

*

민들레는 나의 딸 민하가 처음으로 이름을 익힌 꽃이었다. 네

살이 되던 해, 민하는 동네 화단마다 피어난 보송한 꽃씨를 찾아다니며 '후'하고 불어 날리는 재미에 푹 빠졌다. "민하야, 씨앗을 너무 많이 날리면 온통 꽃밭이 되버릴 수도 있어." 온 동네 홀씨가 거덜나겠다 싶어서 한 말이었다. 그 말을 들은 민하는 오히려 더 신이 나서, 자기가 원하는 곳마다 표적 발사를 해댔다. 숨이 찼는지 손으로 씨앗을 뜯어서 톡톡 두드리기도 하고, 내 손에 하나 쥐어 주곤 "아빠, 어서!" 하며 날리라고 채근하기도 했다. 처음엔 그냥 재밌어서 부는 줄로만 알았는데, 민하는 정말로 꽃밭을 만들고 싶었던 거다. 정말로 이듬해 봄엔 보도블록 사이, 맨홀 옆처럼 이상한 곳에서 민들레가 유독 많이 보였다. (보기엔 좋았지만 괜히 뜨끔했다.)

'후' 불면 꽃밭이 될 거라는 믿음. 아이의 마음이란 게 이렇다. 거기엔 계산기도 저울도 없다. 하늘로 쉽게 날아가는 홀씨처럼 가볍고 예쁘기만 하다. 나는 가끔 이 아이를 보며 내가 한동안 잊고 살던 마음을 떠올린다.

마음이 따뜻한 사람이 되고 싶어요
나의 품이 포근하게 위로가 될 수 있도록
사랑을 나눠줄 만큼 행복한 사람이 되면
그대에게 제일 먼저 자랑할 거예요

– 곽진언, <자랑> 중에서

행복하지 않다는 걸까, 행복해지고 싶단 걸까. 당신을 닮고 싶었다는 걸까. 그만큼 너의 존재가 나를 바꿔 놓았다는 뜻일까. 아주 오래전, 나는 어느 가수의 〈자랑〉이라는 노래를 뜻도 모르고 자주 부르고 다녔다. 돌아보면 나는 그 노랫말과 참 닮아 있었다. 그땐 마음이란 게 뭔지, 그게 어떻게 작동하는지도 몰랐다. 받을 줄 알아야 나눠줄 수 있다는 걸 알지 못했다.

생각해 보면, 나는 누군가의 마음을 받는 게 늘 어려웠다. 고마움보다 먼저 부담이 밀려왔고, 받은 만큼 돌려줘야 한다는 생각에 좀처럼 마음을 열지 못했다. 겉으론 공정한 척했지만, 마음속 어딘가에는 마치 저울처럼 '나는 딱 이만큼만 받을 자격이 있어'라며 스스로 정해 놓은 눈금이 있었다. 그 눈금을 넘는 순간 불편함이 밀려 왔다. 그럴 때마다 스스로에게 자격을 따져 물었다. 정말 네 몫이 맞냐고, 넌 늘 부족하지 않냐고. 나는 나를 받아들이지 못했고, 그래서 누군가를 온전히 받아들이는 것도 늘 어려웠다.

나는 너무 일찍 철든 아이였다. 사실은 그냥 받아도 되는데. 고맙다고 웃고, 마음껏 기뻐하고, 아무렇지 않게 또 기대해도 되었을 텐데. 나는 늘 오지 않은 이후를 먼저 걱정했고, 관계가 망가지기 전에 먼저 도망쳤다. 사랑도, 관계도, 스스로에게도 늘 그랬다. 대체 뭐가 그렇게 두려웠던 걸까. 줄행랑치던 그 시절을 생각하면 애닯고 때때로 얼굴이 화끈거리지만, 그래도 분명히 기억나는 게 하나 있다. 서둘러 떠나려는 내게 천천히 가도 된다고 말해 준 이들이 있었다는 것. 이제야 염치없이 고맙다. 떠나는 내 손에 쥐어 준 당신의 마음 때문에, 아주 많은 시간이 지나서야 나도 조금은 누군가를 흘려보낼 수 있는 사람이 되었다고.

아이를 키우다 보면 자주 생각한다. 얘는 도대체 뭔데, 내가 아무 조건 없이 모든 걸 해 주고 있는 걸까. "아빠 해 줘, 먹여 줘, 입혀 줘, 재워 줘." 수많은 요구들이 하루에도 몇 번씩 쏟아진다. 계약도 없고, 교환도 없는 관계. 그런데 이상하게 이 모든 걸 기꺼이 하게 만든다. 어떤 자격 때문이 아닌, 그냥 '너여서' 사랑하게 되는 관계. 그게 무엇이든 기꺼이 조건 없이 수용하는 사랑의 행위. 자동차 시트에 과자나 주스를 쏟아도, 가구며 바닥에 크레파스로 온통 낙서를 해 놔도, 열심히 만든 저녁밥을 뒤집어엎으며 서럽게 울며 떼를 써도, 눈 하나 깜짝 안 하고 여전히 사랑하게 되는 신기한 세계. 사랑은 증명하는 게 아니라 그냥 존재하는 것이란 걸, 받을 줄 알아야 진짜 줄 수 있다는 걸, 이 아이를 통해 배우고 있다.

*

언젠가 늦봄에 아는 분이 하얀 비닐봉지에 완두콩을 담아 건네준 적이 있다. 별 것 아닌 선물인데도 그게 왜 그렇게 좋던지. 봄에 어울리는 동글거리는 초록 콩이어서 그랬나, 아니면 완두콩이라는 귀여운 어감 때문에? 하여간 잘 모르겠지만, 나는 그걸 하얀 쌀밥에 넣고 하나씩 콩을 세며 골라먹었다.

이제는 참 뻔뻔하게도 잘 받는다. 누가 봉투라도 주면 예전처럼 머쓱하게 받는 법이 없다. "아이고 고맙습니다" 동네방네 떠들며 온갖 너스레를 떤다. 줄 때도 절대 조용히 주는 법이 없다. "너 주려고 얼마나 고민하고 산 건지 몰라" 하면서 온갖 생색을 낸다. 아무렴 중간이 있으면 좀 좋으련만. 그렇게 주고받다 보면 어느 날은 직접 담근 김치가, 어느 날은 가스불 앞에서 땀 뻘뻘 흘리며 저어 만든 오디쨈이, 낙서를 박박 지워낸 흔적을 감출 수 없는 동화책 한 꾸러미가 오고간다. 이제는 물건의 무게도, 마음의 무게도 굳이 따져 묻지 않는다. 그저 거기 담긴 마음의 자국만 눈에 들어온다.

그러니 사랑은 얼마나 묘한가. 주는 사랑을 통해 받는 마음이 열린다니. 마치 다음 사람 쓰라고 남겨둔 한 바가지의 마중물 같다. 마중물이 없으면 우물을 퍼 올릴 수 없으니까. 목이 마를 땐 그걸 덥석 받을 줄 아는 용기가 필요하다. 그러니 무언가를 준다는 건 결국 한 바가지의 마음을 먼저 내어주는 일이다. 받는 마음이란, 그렇게 퍼올려진 물을 두 손으로 받아들고 시원하게 들이키는 것. 그리고 다음 사람을 위해 딱 그만큼을 남겨두는 일.

또 다시 봄이 왔다. 민하는 이제 혼자 자전거를 타고, 아빠 없이도 민들레를 찾아다닌다. 이제는 '후'하고 불면 홀씨가 남김없이 날아간다. 세상에 저 혼자 할 수 있는 게 얼마나 될까. 민들레조차 스스로 피어날 수 없다. 꽃씨가 닿은 자리엔 겨우내 얼어붙은 몸을 비틀어가며 기어코 싹을 틔워낸 땅이 있었다. 바람은 꽃씨를 실어 날랐고, 비와 햇빛은 줄기와 노란 꽃잎을 내었다. 내년 오월이 되면 이 아이가 뿌린 홀씨 중 몇 개는 거친 땅을 이겨내고 끝내 싹을 틔울 것이다. 도무지 꽃이 필 수 없을 것 같은 콘크리트 틈새에서도. 보란 듯이 굳세게.

만나고, 만나고,
만나는 동안

아버지는 폐렴으로 돌아가셨다. 처음엔 단순히 저혈당 쇼크가 찾아온 줄 알았는데 폐렴이 생겼고, 그 다음엔 심장 혈관이 막혔다가, 병실 간병인으로부터 코로나에 감염되면서 갑자기 위독해졌다. 결국은 이것들을 하나도 해결하지 못한 채 돌아가셨다. 단 2주 만에 벌어진 일이었다.

그 누구도 예상하지 못한 사건이었다. 황망한 장례를 치르고, 나는 아버지의 방을 정리하기 시작했다. 방문턱을 넘을 때마다 깊은 심호흡이 필요했다. 떠나간 가족의 방을 정리하는 것이 이렇게 힘든 거라는 걸, 왜 아무도 말해주지 않았을까. 두 평도 채 되지 않는 방, 그 안에 촘촘히 꽂힌 책과 가지런히 놓인 물건엔 아버지의 흔적과 온기가 여전히 남아있었다.

"아버지를 만나고, 만나고, 만나는 동안 환호님이 행복했으면 좋겠 어요."

한 지인이 블로그에 남긴 위로의 말이었다. 그땐 이 문장이 무슨 뜻인지 알지 못했지만 하나는 분명했다. 살아 있을 때보다 도, 더 많은 것을 알게 되는 시간이 있다는 것. 온통 아버지의 자취로 둘러싸인 그 방에서 나는 당신이 살아온 평생의 시간과 마주해야만 했다.

*

책상 위 달력엔 돌아가신 5월 9일 이후에도 병원 진료일, 지 인의 경조사 날짜가 몇 개 적혀 있었다. 그 날이 어떤 날이 될지 아버지는 전혀 알 수 없었겠지. 아버지가 늘 앉아 계시던 책상 옆 서랍 깊숙한 곳엔 오래된 사진들이 있었다. 족히 40년은 되 어 보이는 시간이 인화된 것이라 쉽사리 손댈 수가 없었다. 내 가 뭘 하고 지내는지 아버지는 별 관심 없는 줄 알았는데, 아래 쪽 서랍엔 내가 기억도 못하는 작은 연주회 리플릿까지 고이 모 아둔 봉투가 있었다. 하나하나 꺼내보다 리플릿이 아닌 것이 한 장 딸려 나왔다. '마라도 잠수함 관광' 브로슈어. 예약하는 법, 비용 안내 글에 형광펜으로 밑줄까지 그어져 있었다. "나는 여 행 같은 건 싫고, 특히 제주도는 정말 볼 게 없다"고 툴툴대던 분이 말이다.

책상 아래 발밑엔 수건으로 꼼꼼하게도 싸놓은 액자들이 있
었다. 보물함처럼 숨겨 놓은 상자엔 우리 가족이 가장 행복했던
시절이 모두 담겨 있었다. 사진 찍는 것도 싫고 사진은 보관할
필요도 없다고 입버릇처럼 말하던 분이 얼마나 꼼꼼하게도 보관
해놨는지, 사진만 두 박스 이상 될 만큼 많았다.

회고의 밤은 길었다. 하루면 끝날 청소는 일주일이나 걸렸다.
손닿는 것마다 전부 의미가 있었다. 그렇게 들춰낸 물건들을 차
마 버리지 못하고 이쪽에서 저쪽으로 옮겨두기만 할 뿐이었다.
만약 아버지가 살아계셨다면 무엇을 남겨두길 원할까. 아마 싹
다 버리라고 하겠지. 깔끔한 평소 성격처럼 아들의 손으로 흔적
도 없이 깨끗한 방을 만들길 바랐을 것 같으면서도, 막상 다 버
리면 너무 서운해 할까 싶기도 하고.

물건, 옷, 책, 사진까지 많은 것을 버렸지만 차마 버릴 수 없
던 것이 있었다. 아버지의 손으로 쓴 글이었다. 스마트폰도, 인
터넷도, 컴퓨터도 몰랐던 아버지가 은퇴 후 유일하게 할 수 있
었던 일은 책을 읽고, 손으로 글을 옮겨 쓰는 것이었다. 쓰기란,
아버지에게 삶의 의미이자 존재의 목적이었던 셈이다. 아버지가
남긴 글을 읽을 때면 늘 마음의 가장 깊은 곳까지 닿았다. 그 글

에는 삶을 움직이는 힘이 있었다.

아버지는 짧은 문장들을 필사해 포스트잇에 적어 방 곳곳에 붙여두는 취미가 있었던지라 나는 그것들을 하나씩 떼어내며, 암호를 해독하듯 아버지의 남겨진 이야기들을 읽어갔다. 어쩌면, 그 글을 통해 단 한마디라도 더 아버지의 말을 듣고 싶었던 것인지도 모른다.

그러던 어느 날, 책상 서랍을 열었을 때 마치 누군가 이곳을 들여다볼 것을 예상이라도 한 듯, 한 줄이 적힌 메모장이 있었다. "내가 생명의 자리에 없거든, 열어 보아라. (평소엔 절대 열지 말 것)"

　1. 통장과 도장은 왼쪽 책장 서랍 안 서류봉투에.
　2. 파란 앨범 뒤 상자에 모아 놓은 현금이 있으니 어려울 때 쓰라.

정말로 아버지가 말한 비밀(?) 장소엔 명절이며 생일 때마다 가족들로부터 받은 용돈들이 봉투조차 뜯기지 않은 상태로 고이 모셔져 있었다. 수북한 돈 봉투를 보고 실소가 터졌다. 그럼 그렇지. 이래야 아버지답죠. 어쩜 마지막 순간까지도 이렇게 한결같을까. 아니, 아버지. 뭐, 유언 같은 건 없습니까? 앞으로 어떻게 살아라든지, 혹은 그동안 내가 어찌저찌 살았다든지, 뭐 그런 거요. 게다가 인터넷 뱅킹 시대에 웬 통장이랍니까. 그건 이미 어머니 수중에 들어갔다고요.

더 남겨진 글귀가 없나 메모장 구석구석을 살펴봤지만 그뿐이었다. 그러다 문득, 나는 책상 한 귀퉁이에 남겨진 다른 메모장 하나를 발견했다. 종이에 직접 옮겨 적은 윤동주의 시였다.

十字架

쫓아오든 햇빛인데
지금 教會堂 꼭대기
十字架에 걸리었습니다.

尖塔이 저렇게도 높은데
어떻게 올라갈 수 있을가요.

鐘소리도 들려오지 않는데
휘파람이나 불며 서성거리다가,

괴로왓든 사나이,
幸福한 예수·그리스도에게
처럼

十字架가 許諾된다면

목아지를 드리우고
꽃처럼 피여나는 피를
어두어가는 하늘밑에
조용이 흘리겠읍니다.

아버지는 왜 윤동주의 시를 필사했을까. 무엇이 아버지로 하여금 쓰고 기억하게 만들었을까. 꾸깃한 종이에 담긴 시를 나는 집으로 가져왔다. 생전에 아버지는 자주 포스트잇에 메시지를 적어 주셨다. 늘 나를 위한 한마디였다. 삶이 답답하게 꼬여 갈 때마다 아버지를 찾았고, 아버지의 그 한마디가 나를 다시 일으켜 세우곤 했다. 나는 당신의 마지막 시를 마음에 새기고 또 새겼다. 그건 유언보다도 분명한 말이었다.

방 안에 있던 모든 물건이 완전히 사라졌을 때 비로소 회고가 끝났다. 내 손으로 그 작은 방에서 아버지를 만나고, 만나며, 결국 떠나보냈다. 어머니의 이사를 돕기 위해 대전으로 내려가던 날, 그날 밤 나는 정들었던 단지를 하염없이 돌았다. 내일이면 사라질 나의 고향을 기억하기 위해서였다. 아버지의 서랍에 있던 물건들은 이제 내 책상 위에 놓여졌다. 아버지가 오래전 기타를 치며 녹음한 노래를 듣기 위해 카세트 플레이어를 샀고,

결혼 예물이었던 녹슨 손목시계는 을지로에서 새로운 부품을 만나 다시 움직이기 시작했다. 오래된 보청기 배터리는 필요한 이들에게 나누어주었고, 몇 번 입지도 않았던 겨울코트는 집 앞 초등학교에 화요일마다 나오는 뽑기 할아버지에게 선물로 드렸다. 나는 그렇게 다시 일상으로 돌아왔다.

*

한동안은 희망차게 지냈고 한동안은 무기력하게 지냈다. 아버지의 노래가 녹음된 카세트테이프를 들으며 눈물이 왈칵 쏟아진 적도 있었고, 작년만 해도 지팡이 없이는 걷지 못하던 동네 할아버지가 올해는 등을 곧게 펴고 아들과 함께 환하게 웃으며 걷는 모습을 보면서, 나도 저렇게 아버지를 모셨다면 조금 더 사시지 않았을까 하는 자책도 해 보았다. 방을 치우면 끝날 줄 알았던 기억의 시간은 잔잔한 파도처럼 끝없이 반복되었다. 건강보험공단에서 온 '피보험자 말소' 서류, 자동차와 집, 정수기의 명의를 바꾸며 마주한 아버지의 이름 석 자 옆에 '사망'이라고 적힌 낯선 두 글자. 그걸 직접 확인하는 일은 꽤나 낯선 슬픔이었다.

누군가 또 위로의 글을 남겼다. '가슴이 사무치는 그리움의 시작'이라고. 헤어짐을 먼저 경험한 자의 말. 그런데 이게 시작이라니. 그러면 앞으로 어떤 감정이 얼마나 더 남아있다는 걸까.

사무친다는 단어의 뜻을 곱씹기도 했다. 누군가가 살아온 삶의 흔적을 정리하는 시간은 그 사람이 살아온 시간만큼이나 더디다. 아무 데도 쓸데없는 물건을 뒤적거리며 버릴까 모아둘까 망설이다 결국 연결된 모든 기억을 헤집어 놓는 시간. 그렇게 헤집어댄 빈틈만큼이나 더 그리워지기만 하는 것. 이 글을 오랫동안 미뤄두었던 이유다.

등불이 있으면
무섭지 않아

잘 시간이 되어 불이 꺼지면 민하는 장난감처럼 들고 다니는 작은 조명을 찾는다. "등불이 있으면 무섭지 않아"라고 말하면서 동굴을 탐험하듯 깜깜한 거실을 걸어 다닌다. 이 책을 읽어준 뒤부터 그런다.

어느 가을날, 꼬마 곰이 할아버지 집에 놀러갔어요. 밤이 되자 할아버지는 데려다주려 했지만, 꼬마 곰은 "혼자 갈 수 있어요!"라며 할아버지의 등불을 들고 길을 나섰어요. 어두운 숲길, 꼬마 곰은 길 잃은 토끼를 만나 함께 걷고, 멧돼지, 다람쥐, 부엉이도 차례로 친구가 되었어요. 그런데 자꾸 뒤에서 '타박타박, 부스럭' 소리가 나는 거예요. 겁이 난 친구들은 함께 "으아아!" 하고 외쳤고, 깜짝 놀란 할아버지가 덤불에서 튀어나왔어요. 꼬마 곰이 걱정돼 따라온 거였죠. 그러자 꼬마 곰이 말했어요.

"할아버지도 같이 가요! 등불이 있으면 하나도 안 무서워요!"

– 브리기테 베니거, 『등불이 있으면 무섭지 않아』 중에서

한 소프라노와의 무대를 앞두고 있었을 때였다. 나는 '바람'이라는 곡을 쓰고 싶었다. 자유롭고 시원한, 그러면서도 어디에도 머물지 않는 바람 같은 노래를. 하지만 정작 내 마음엔 바람은커녕, 뿌연 안개처럼 어디로 흘러야 할지 모르는 감정들이 엉겨 붙어 있었다. 충분히 내뱉지 못해서였을까. 여전히 남아 있는 것이 그리움인지 후회인지 알 수 없던 어느 밤, 나는 늘 돌던 집 앞 산책길로 나섰다. 유난히 청명하고 시린 밤이었다. 충분히 쏟아냈다고 생각했는데, 눈물은 어디서 그렇게 새로 만들어지는 걸까. 하늘을 올려다보면 아버지가 계실 것만 같았다.

집 앞을 다섯 바퀴쯤 돌았을 때, 막다른 마지막 숲길이 나오고서야 눈물도 멎었다. 앙상한 나무들이 겨울의 뼈처럼 서있는 곳. 하늘을 촘촘히 가린 가지 사이를 바라보면서 숨을 크게 들이마셨다. 그때 문득 민하가 들고 다니던 『등불이 있으면 무섭지 않아』 책이 떠올랐다. 나는 서둘러 발걸음을 옮기며 떠오르는 문장들을 채집하기 시작했다.

당신은

정환호 작사/작곡

당신이 가시던 길
함께 머물던 그 길에서
이제는 없어도 나 기억하네
남겨진 마음 바라보며

무뎌진 시간들이
걸음보다도 무거울 때
먼저 간 자욱 비추는 곳 따라
그대의 노래가

쉽지 않은 세상 살아갈 동안
나의 언덕이 되어주었고
너른 수풀 속 곧은 나무처럼
편히 쉴 곳을 내주었던

당신은 나의 사랑
당신은 나의 자랑

당신은 나의 노래
당신은 나의 등불

누군가는 앞서 떠나야만 한다. 사라지기 위해서가 아니라 먼저 간 마음이 되기 위해서. 그 마음이 남긴 발자국이 있기에, 캄캄한 밤도 두렵지 않다. 먼저 간 당신은 나의 등불이었다.

*

사람이 떠난 자리엔 흔적이 남는다. 아버지가 죽어가던 병실에서, 아버지의 방에서, 그리고 다시 노래가 된 아버지의 세상에서, 나는 그가 사랑한 것들과 다시 만났다. 그 모든 삶의 흔적은 이제 나의 길을 이끄는 빛이 되었다. 살아 있을 때보다도 더 큰 힘을 주는. 그러니 당신의 빈자리는 또 다른 시작일 뿐이라고, 이제 나도 그 길을 따라 살아갈 수 있을 것이라는 미약한 믿음을 가질 수 있었다.

어딘가 바람처럼 불어온 당신의 마음이 새 노래의 가사를 알려주었다고 확신한다. 당신의 부재를 오롯이 나만의 방식으로 받아들일 수 있도록 아버지는 나를 기다리고 있었는지도 모른다. 그래서 그 마음이 기어코 노래가 되었을 때, 못처럼 박힌 큰 슬픔도 툭, 빠져나갔다. 그 뒤로 나는 더 이상 서럽게 울지 않았으며, 끝날 듯 끝나지 않던 회고를 마치고 평범한 일상으로 돌아올 수 있었다.

"아버지를 만나고, 만나고, 만나는 동안 환호님이 행복했으면 좋겠어요."

오랜 시간이 흐른 뒤, 나는 그 문장의 뜻을 이해하게 되었다. 그리고 지금, 세상의 모든 상실을 견디고 있는 이들에게 나도 말해 주고 싶다. 당신이 떠나보낸 이들을 만나고, 만나는 모든 순간이 행복했으면 좋겠다고.

에필로그

얼마 전 김창렬 화백의 전시를 보았다. 도슨트의 해설을 들으며 그림 앞에 섰지만, 내 머릿속은 작품의 아름다움이 아닌 작가에 대한 질문으로 가득했다. 다른 길도 있었을 텐데 왜 굳이 예술가로 살았을까? 나는 기법이나 미학보다는 그가 예술을 하지 않을 수 없었던 이유에 더 관심이 갔다. 김창렬 화백은 일제 강점기와 한국전쟁을 겪으며 단순한 물방울을 거의 강박적으로 그려냈다. 한동안 나라가 없었고, 되찾자마자 둘로 쪼개지던 시대였다. 죽음과 폭력이 그의 가족과 친구들을 갈라놓았을 때, 흠 없는 투명한 물방울은 그가 살아갈 이유이자 존재를 증명하는 유일한 수단이었을 것이다. 그리지 않고서는 살아갈 수 없는 삶. 시대는 그를 '어쩔 수 없는 예술가'로 만들었다.

이제 다시 격동의 시대다. '각자도생'이라는 말이 유행처럼 떠돈다. 이번 사이클에 올라타지 않으면 벼락거지가 될 거라거나, 곧 3차 세계대전이 터질 거라며 모두가 겁을 준다. 원래부터 세상이 호락호락하진 않았지만 '이번만큼은 진짜'라는 말이 왠지 마음에 걸린다. 앞으로 수년 뒤 우리는 어떤 삶을 살고 있을까. 전쟁과 셧다운의 공포 속에서도 점심 메뉴를 고르는 무감각한 일상이 가능할까. 그때도 나는 음악을 만들 수 있을까. 아니, 세상에 음악이 필요하긴 할까.

위기의 시대에선 생존이 우선이라며, 사방에서 재촉하지만 도무지 답이 보이지 않는다. 오지선다에서 끝내 답을 찾지 못한다면, 차라리 질문을 다시 써 보는 건 어떨까. '무엇으로부터 살아남을 것인가?' 살아남아야 할 대상을 알아야 도망이라도 제대로 칠 수 있을 테니 말이다. 이미 세상을 따라잡기엔 늦었으니, 적당한 핑계를 대며 시간을 유예시키는 방법도 있겠다. 그게 일종의 정신승리라면, 지금이야말로 철학이나 예술 따위로 정신승리하기 좋은 시기가 아닐까? 예술 언저리에서 사는 인생의 장점이라면, '살아보는 것으로 충분하다'는 것이다. 이모저모 살아보다가 잘되면 좋은 것이고, 그렇지 않더라도 헛발질의 기록을 시나 음악으로 남기면 된다. 떠들썩한 유명세가 없더라도 버텨낸 시간, 혹은 실패의 기록을 다정하게 바라볼 수 있다면 누구나 예술가처럼 살 수 있다. 그러니 조금 느리고 모자라도 괜찮다.

예술의 언저리에서 오래 머물다 보면, 결국 삶과 예술의 경계가 희미해진다. 어떤 날은 생계를 위해 악보를 그리고, 또 어떤 날은 살아남기 위해 노래를 쓴다. 그 사이에서 길을 잃은 적도 많지만 그 모든 순간이 하나의 기록이 되고 있음은 분명하다. 이 책에는 그렇게 살아온, 썩 마음에 들지 않는 날들의 흔적이 담겨 있다. 어쩔 수 없이 받아들이고 다시 오늘을 살겠다는 다짐도 있다. 내일은 조금 더 나아지길 바라는, 어쩌면 허황된 소망도 있다.

뒤죽박죽인 생각과 기대를 글로 옮긴다는 건 생각보다 어려웠다. '들리는 음악'처럼 누군가에게 읽혀야 한다는 두려움 때문이었을 것이다. 그래서 처음엔 가면을 쓰고, 좋아하는 작가들의 문장을 흉내내며 시작했다. 김영하의 생각을 엿보고, 안희연의 시선을 빌리고, 이슬아의 발칙함을 따라 했다. 활자로 남겨질 내 생각의 조각들이 부끄러웠던 것 같다. 생존과 이상 사이에서 갈팡질팡하는 마음이 한심하게 보일까, 유치하게 느껴질까, 쓸데없는 집착처럼 비칠까 두려웠다. 그래서 한동안 안전한 회색지대에 머물렀지만, 숨을수록 그런 마음은 오히려 더 선명해졌다.

그러다 문득 음악을 쓸 때가 떠올랐다. 누군가를 흉내 낸 음악보다 조금 모자라도 솔직하게 쏟아낸 노래들이 오히려 사랑받

앉던 기억이. 악보 위의 음표는 곡을 쓰는 사람을 솔직하게 드러낸다. 책 위의 활자도 그럴 것이라 믿는다. 두렵지만 한편으로는 기대가 된다. 나와 비슷한 생각을 가진 사람들을 만나게 될지도 모르니까.

그래서 당신을 기다린다. 세상에는 정해진 악보 없이 연주되는 인생들이 있다. 연결되지 않는 악장처럼 굽이굽이 돌아가는 소리도 있다. 굳이 이 책의 뒷면부터 펼쳐 읽는 사람이라면, 당신도 아마 그 무리에 속할 것이다. 삐걱거리고 틀리면서도 연주를 멈추지 않는 사람들. 나의 글이 그들에게 신호가 되기를 바란다. 세상에 당신과 비슷한 사람이 어딘가 존재한다는 그런 신호.

이렇게 살 수 있도록 응원해준 사람들, 그리고 기꺼이 견뎌준 이들에게 고맙다는 말을 전하고 싶다. 이제는 이 '생각의 방'을 떠날 시간이다. 가끔 농담처럼 말한다. "가장 훌륭한 음반은 발매되지 않은 음반이다." 빈둥거림을 작업이라 부르며, 출판계약서에 서명하고도 어떻게든 내지 않을 핑계를 찾았지만 결국 마감을 통과했다. 생산성 없는 시간을 견뎌준 출판사와 편집자, 그리고 이야기를 끝까지 읽어준 당신에게 감사한다.

우리 모두 각자도생하여, 언젠가 어디선가 다시 만나기를.